그림 1 라운트리 사 킷캣의 청색 포장, 1942년
그림 2 라운트리 사 킷캣의 적백색 포장, 1956년 「Crisp」라는 문구가 보인다.
(요크대학교, 보스윅 역사연구협회 소장)

그림 3 카카오 포드
그림 4 카카오 포드 안쪽의 하얀 과육

그림 5 과테말라에서 출토된 카카오 음료가 든 컵을 받는 왕이 그려진 마야 접시
(벨기에 브뤼헤의 초콜릿 박물관 The Chocolate Museum, Brugge, Belgium 소장)

그림 6 귀족에게 바칠 코코아의 제조 과정을 묘사한 타일화
(출처: Sophie D. Coe & M. D. Coe, 1996, p. 132)

그림 7 판 하우턴 사의 카카오 콩과 코코아 파우더 견본
(네덜란드 베이스프의 구 시청사 박물관, 저자 촬영)
그림 8 판 하우턴 사의 1889년 파리 만국박람회 출품 기념 카드(저자 소장)

그림 9 부활절용 초콜릿
제작을 돕는 소년
(네덜란드 베이스프의 초콜
릿 매장, 저자 촬영)

그림 10 라운트리 사의 코코아 광고, 20세기(요크 대학교 보스윅 역사연구협회 소장)
그림 11 라운트리 사의 코코아 광고, 20세기(요크 대학교 보스윅 역사연구협회 소장)
그림 12 벨기에 브뤼헤에 있는 초콜릿 매장 (저자 촬영)

그림과 사진으로 풀어보는

초콜릿 세계사

– 근대 유럽에서 완성된 갈색의 보석 –

다케다 나오코 | 지음   이지은 | 옮김

AK TRIVIA SPECIAL

표지/내지 카카오 칼라 이미지 pixabay

시작하며

초콜릿과 근대화

초콜릿을 생각하면 어떤 기억이 떠오르는가. 어릴 적 초콜릿 한 조각을 아껴가며 먹던 기억이 있을지 모른다. 중고생 시절, 학교 특별활동을 마치고 저녁 무렵에 친구와 초콜릿을 나눠먹은 사람도 있을 것이다. 밸런타인데이가 나만의 초콜릿 달력에 불꽃처럼 반짝이고 스릴 넘치는 날을 선사해 주었을 수도 있다. 이처럼 우리는 인생의 매순간마다 다양한 맛의 초콜릿을 즐길 수 있는 시대에 살고 있다. 하지만 초콜릿이 이렇게 가까운 존재가 된 지는 100년이 채 되지 않았다.

초콜릿은 크게 공방에서 장인이 수제로 만드는 초콜릿과 공장에서 대량생산하는 규격품으로 나뉜다. 공방에서 장인이 정성스럽게 만드는 초콜릿은 맛이 깊지만 가격이 다소 비싸고 판매하는 장소도 제한적이다.

최근 100년 동안 사람들에게 초콜릿이 얼마나 맛있는지 가르쳐 준 것은 바로 규격품이었다. 적당한 가격에 누구나 쉽게 손에 넣을 수 있는 규격품 초콜릿이 보급되면서 세계인들은 초콜릿의 맛에 눈을 뜨게 되었다.

벨기에나 프랑스에서 장인이 공들여 만든 수제 초콜릿이 제작된 반면, 영국에서는 산업혁명의 숙련된 기술을 활용하여 초콜릿의 공장 생산을 일찌감치 성공시켰고, 규격품의 보급에 공헌하였다.

초콜릿은 잘 녹기 때문에 다루기 까다로운 과자류다. 모양을 잘 갖추어 양산하려면 기술력이 필요하다. 또 초콜릿 보급을 위해서는 공장이나 철도망 정비 등 생산기반이 근대화될 필요도 있었다. 그 때문에 기술이 개량되어 공장 생산이 가능해져야 비로소 초콜릿의 가격도 적당해졌다.

근대산업 기반이 마련돼 있던 영국은 일찌감치 공장에서 양질의 초콜릿을 제작할 수 있는 여건이 갖춰져 본격적으로 초콜릿 가공과자를 생산할 수 있었다. 초콜릿 제조사는 포장지를 인상적이게 디자인하고 광고에도 많은 공을 들였으며 그 결과 킷캣 등 오늘날에도 인기 있는 초콜릿 과자가 탄생하게 되었다.

두 가지 풍미

초콜릿을 크게 반긴 것은 노동자 계급이었다. 장시간 일해야 하는 노동자에게 에너지 보충은 빼놓을 수 없는 일이다. 노동자들은 적당한 시간에 휴식을 취해 기운을 차려야 한다. 적당한 가격의 초콜릿은 짧은 휴식시간 중에 홍차에 곁들여 먹는 것으로 혈당치를 높일 수 있었다. 단숨에 기운 차리기에 딱 좋은 에너지 보충제인 것이다.

초콜릿이 보급되기 전에 노동자의 기력을 채우는 데 공헌한 것은 술이었다. 맥주와 에일의 나라 영국에서는 손쉽게 술을 마실 수 있었다. 알코올 섭취를 억제한 절제된 음주, 근면한 노동 습관을 들일 필요가 있었는데, 술을 대신 할 수 있는 이 달콤한 유혹은 효과적이었다. 초콜릿도 홍차도 노동자의 살림으로 감당할 수 있는 가격이었기 때문에 영국인은 금방 초콜릿의 맛에 눈뜨게 되었다.

현대 영국에는 도처에 초콜릿 자동판매기가 있어서 초코바를 베어 물고 성큼성큼 거리를 걸어가는 사람을 쉽게 볼 수 있다. 영국인은 초콜릿을 입에 물고 증기기관차처럼 활기차게 움직인다. 일본에서 음료수 자동판매기를 여기저기서 쉽게 볼 수 있는 것처럼 영국은 초콜릿 자판기가 지극히 자연스러운 풍경이 되었다. 초콜릿 자판기는 국민적인 기력 보급 장치인 것이다.

초콜릿의 단맛에는 나라마다 서로 다른 근대화 과정이 스며들어 있다. 초콜릿이나 코코아는 「사회적인」 과자이기도 하다. 초콜릿에 담겨 있는 「달콤한 맛」과 「사회적인 맛」이라는 두 가지 풍미는 이 갈색 디저트를 맛보는 즐거움에 한층 깊이를 더해 준다.

목차

지도

남미의 주요 초콜릿 관련 지역

덴마크

영국
달링턴
리버풀
요크
버밍엄
브리스틀
런던
암스테르담
안트베르펜
네덜란드
독일
브뤼셀
벨기에
파리
프랑스
취리히
브베
스위스
리옹
제네바
이탈리아
바욘
툴루즈
스페인
바르셀로나
마드리드
포르투갈
리스본
카디스
알제리

유럽의 주요 초콜릿 관련 지역

서장

달콤한 길,
여행 준비

1. 카카오 콩의 낙원

「입 안의 행복」의 구성성분

초콜릿 맛을 음미할 때 「입 안의 행복」을 가져다주는 「맛있는 성분」은 과연 무엇일까. 바로 떠오르는 것은 「달콤함」일 것이다. 이런 달콤함은 초콜릿을 만드는 과정에서 설탕이나 감미료가 추가되었기 때문에 느껴지는 것이다. 초콜릿의 주원료인 카카오 열매는 사실 달콤하지 않다. 카카오 열매 특유의 맛은 과연 어떨까?

카카오 콩 자체에서 발휘되는 성분에는 「향」(화사한 향, 톡 쏘는 향, 스모크 향 등)과 「풍미」(신맛, 쓴맛, 떫은맛)가 있다. 그 외에도 초콜릿을 입에 넣었을 때 느껴지는 「단단함과 부드러움」, 「녹는 느낌」, 「뒷맛」 역시 초콜릿의 맛을 결정짓는 중요한 요소다[1].

즉, 원료의 주역인 카카오 콩이 빚어내는 아로마 향과 풍미, 설탕이나 우유 등을 혼합시켜 완성된 가공품의 혀에 닿는 촉감이 절묘하게 균형을 이루면서 초콜릿의 개성을 만든다.

카카오 콩 본연의 맛인 쓴맛과 떫은맛은 카카오 열매에 포함된 폴리페놀 때문이다. 카카오 폴리페놀의 주성분은 카테킨 혹은 에피카테킨이다. 폴리페놀은 레드와인이나 녹차에도 다량 함유되어 있으며, 타닌, 카테킨, 안토시안 색소 같은 성분의 항산화작용 덕분에 질병이나 노화를 막아주는 효과가 있다. 폴리페놀 함유량이 많을수록 쓴맛과 떫은맛이 강해지는데 카카오는 쓴맛과 떫은맛을 완화하기 위해 수확한 뒤 바로 발효시킨다. 발효가 진행되면 폴리페놀의 양이 줄고 맛이 누그러져 순해지게 된다.

카카오 콩에는 원래 신맛이 있어 발효를 거치면서 떫은맛과 쓴맛이 줄어들면 신맛이 더욱 강하게 느껴지게 된다. 카카오 함유량이 많은 다크 초콜릿을 먹어보면 산뜻한 산미와 함께 미미하게 쓴맛이 섞이면서 생기는 깊은 풍미에 깜짝 놀랄 때가 있다. 카카오 콩의 폴리페놀 함유량을 조절하는 것으로 다양한 맛을 만들어낼 수 있는 것이다.

카카오 콩 삼총사

카카오 콩은 폴리페놀의 함유량에 따라 크리올로 종, 포라스테로 종, 트리니타리오 종의 세 가지 품종으로 분류된다.

폴리페놀 함유량이 가장 적으면서 카카오의 매력이 가장 잘 발휘되는 품종은 크리올로 종이다. 크리올로 종은 쓴맛과 떫은맛이 적고 카카오 콩 특유의 향기가 강하다. 크리올로 종으로 씁쓸한 초콜릿을 만들면 그 맛이 매우 뛰어나다. 크리올로 종은 날콩으로 먹어도 맛이 좋다고 한다. 다만 병들기 쉬운 품종이어서 재배가 어렵다. 회소품종으로 현재 세계에서 생산되는 카카오 콩 생산량 가운데 1%도 넘지 못한다.

포라스테로 종은 폴리페놀을 다량 함유하고 있다. 재배하기 쉬운 강한 품종이며 세계 생산량의 약 85~90%를 차지한다. 맛이 강렬한데, 특히 쓴맛이 강하다. 이 콩을 그대로 사용할 경우 쓴맛이 너무 강해 쌉쌀한 맛의 초콜릿에는 어울리지 않는다. 하지만 우유를 섞으면 포라스테로 종의 강한 개성이 우유와 조화를 이루며 근사한 맛으로 변한다.

트리니타리오 종은 크리올로 종과 포라스테로 종을 교배시킨 것으로 두 품종의 특징을 활용한 개량 품종이다. 크리올로 종의 홀륭한 향과 풍미에 포라스테로 종의 질병에 강한 특성을 합쳤으며 세계 생산량의 10~15%를 차지하는 앞으로가 기대되는 품종이다.

신들의 음식

카카오의 학명은 테오브로마 카카오Theobroma cacao이다. 벽오동나무과에 속하는 나무로 테오브로마는 그리스어로 「신Theos」의 「음식Broma」이라는 뜻이다. 다 성장하면 나무의 키가 7~10 미터에 달한다. 줄기에 바로 작은 꽃이 피는데, 이 꽃이 커다란 콩깍지로 자라서 줄기나 큰 가지에 매달린다. 이 콩깍지를 카카오 포드Cacao pod라고 한다. 카카오 포드를 쪼개면 하얀 과육 속에 종자(콩)가 30~40알 들어있다.

카카오 포드는 보통 작은 칼을 사용하여 수작업으로 수확한다. 수확 후 흰 과육이 붙은 채로 종자를 빼내어 모은 뒤 발효시킨다(그림 서장-1). 속의 종자에 상처가 나지 않도록 조심하면서 수작업으로 카카오 포드를 쪼개어 종자를 꺼낸다. 따라서 사람이 많이 필요한 노동집약적인 작업이다.

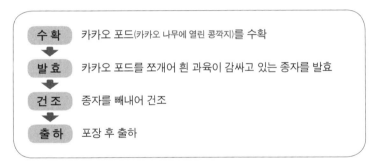

그림 서장-1 카카오 생산지의 작업

발효는 카카오 콩의 맛에 깊이를 더해주는 중요한 단계다. 카카오 포드에서 꺼낸 하얀 과육과 종자를 차곡차곡 쌓아올린 뒤 바나나 잎으로 덮어두는 발효방법과 나무상자에 1~2톤의 과육과 종자를 담아서 발효시키는 방법 등이 있다. 발효되는 동안 종자의 온도가 섭씨 50℃ 정도까지 올라가면서 화학반응이 일어나 아미노산 등이 생성된다. 아미노산이 폴리페놀과 반응하면 종자가 갈색으로 변하면서 카카오 특유의 풍미가 생기게 된다[2].

발효가 끝나면 종자를 건조시킨다. 건조를 거치며 더욱 맛이 숙성된다. 건조 방식에는 볕에 말리는 방식과 인공건조의 두 종류가 있다. 인공건조는 건조대 아래에 연기가 통하는 통로를 만들고 목재를 태워 연기 통로로 고온의 공기가 지나가게 하는 방법 등을 이용한다. 목재의 종류나 상태에 따라 카카오 콩에 연기 향이 스며드는 경우가 있다. 건조를 마치면 콩을 자루에 담아 출하한다.

크리올로 종의 원산지는 중미, 포라스테로 종의 원산지는 남미 아마존 강 유역이다. 카카오 나무 성장에 적당한 장소는 고온다습한 곳으로, 평균기온이 섭씨 27도 이상, 연간 강수량이 2천 밀리미터 이상이 바람직하다. 이 조건을 충족시키는 범위는 적도를 사이로 두고 남북 위도가 20도 이내로 상당히 제한적이다. 중남미, 서아프리카, 동남아시아 등이 이 조건에 해당된다(그림 서장-2).

중남미가 원산지였던 카카오가 서아프리카에서 재배되게 되었다. 그 중 포라스테로 종의 생산지로 성장한 것은 서아프리카 기니 만의 상투메 섬, 프린시페 섬, 페르난도포 섬이다. 아프리카 본토인 가나에서 카카오 재배가 시작된 것은 1879년으로, 마침 스위스에서 밀크 초콜릿이 개발된 시기였다. 쓴맛이 강한 포라스테로

그림 서장-2 현대의 카카오 산지

종은 우유와 혼합하면 개성 있는 맛이 되기 때문에 밀크 초콜릿의 개발이 대세가 되면서 아프리카에 재배가 용이한 포라스테로 종의 생산이 급속도로 확대되었다.

카리브 해의 트리니다드 섬은 스페인의 식민지가 된 후 크리올로 종을 재배하게 되었다. 18세기에 흉작을 겪은 뒤 포라스테로 종이 수입되면서 크리올로 종과 포라스테로 종의 교배가 진행되어 트리니타리오 품종이 탄생하게 되었다.

현재 카카오의 주요 산지는 크리올로 종의 경우 베네수엘라, 멕시코 등 중미의 극히 한정된 지역이며, 포라스테로 종은 서아프리카나 남미, 트리니타리오 종은 중미나 동남아시아 등이다. 2005년, 2006년의 세계 3대 생산국은 코트디부아르, 가나, 인도네시아이며 이 세 나라가 세계 총생산량의 72.1%를 차지한다(표 서장-1).

표 서장-1 카카오 주요생산국 (2005년, 2006년)

(단위:1,000톤)

생 산 국	생 산 량
코트디부아르	1,407.8
가나	740.5
인도네시아	560.0
나이지리아	200.0
카메룬	166.1
브라질	161.6
에콰도르	114.4
토고	73.0
파푸아뉴기니	51.1
도미니카 공화국	42.0
콜롬비아	36.8
멕시코	34.1
말레이시아	33.9

세계 총생산량=3,758.6천톤

(출처 : The International Cocoa Organization, 2008, p. 31, Table 3)

중남미 삼림에서 자라는 「신들의 음식」이었던 카카오 콩은 현대
에 와서 이렇게 세계 각지에서 생산되게 되었다. 다양해진 카카오
콩을 품종별·산지별로 살펴보면 저마다 미묘하게 맛의 차이가 있
다(그림 서장-3). 초콜릿을 천천히 음미하면 맛의 차이를 탐구하는 그
즐거움이 더욱 커질 것이다.

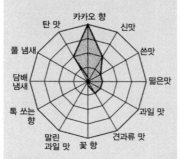

가나
(포라스테로 종)

강렬한 카카오 풍미. 가장 많이 보급되고 있는 포라스테로 종으로, 베이스로 잘 활용된다.

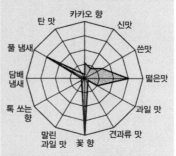

에콰도르
(포라스테로 종 아리바arriba)

포라스테로 종 중 최고급품이다. 포라스테로 종 가운데서도 크리올로에 필적할만한 품종

베네수엘라
(트리니타리오 종)

크리올로 종의 특징이 잘 나타난다. 균형이 잘 잡힌 부드러운 풍미.

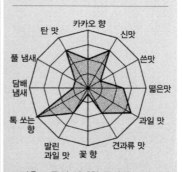

트리니다드 토바고
(트리니타리오 종)

크리올로 종의 섬세한 풍미와 포라스테로 품종의 강렬한 향이 특징

그림 서장-3 품종·산지별 카카오 콩의 특성

(출처: 다이토 카카오 홈페이지에 게재된
「산지별 카카오 콩의 특징」을 저자가 수정, 편집)

2. 카카오 콩의 마력

카카오 콩의 「비밀 공개」

　카카오 콩의 향과 맛을 찬찬히 음미하다 보면 마음이 차분해진다. 카카오에는 알칼로이드(식물 내에 생성되는 유기화합물)의 한 종류인 테오브로민이 함유되어 있다. 테오브로민은 카카오 콩 특유의 향을 자아내며, 정신을 편하게 이완시키고 집중력을 높이는 효과가 있다. 테오브로민은 카페인과 비슷한 분자구조를 가지고 있어(그림 서장-4), 혈관확장 작용, 강심작용, 각성 작용을 하지만 카페인만큼 자극이 강하지 않다[3].

　카카오 콩과 커피 원두의 가장 큰 차이점은 콩에 포함된 유지방이다. 커피 원두는 지방분이 적어 다루기에 그리 까다롭지 않다.

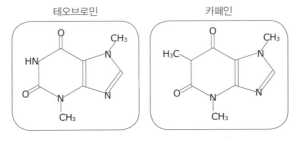

테오브로민　　　　　카페인

그림 서장-4 테오브로민과 카페인의 분자구조

커피 원두의 지방분은 중량의 16% 정도로 커피를 내릴 때 종이나 천 필터가 유지를 빨아들인다. 따라서 콩을 볶아 추출하는 것만으로 그대로 손님에게 음료로 대접할 수 있으며, 상품화하는 과정에서 유지 때문에 말썽이 생기는 경우가 거의 없다.

한편 카카오 콩에는 45~55% 정도의 지방분이 포함되어 있다. 중량의 반이 지방인 셈이다. 풍부한 지방 덕분에 뒷맛이나 감칠맛이 생기지만 처리가 까다롭다. 따라서 카카오 콩은 유지를 잘 조절하고 설탕 등 다른 재료를 첨가해야 간신히 상품으로 탄생한다. 가공 과정이 과정에 손이 많이 간다.

초콜릿은 몸과 마음에 활력을 불어넣어 기운이 넘치게 해준다. 이런 영양과 활력의 원천이 되어주는 것이 바로 풍부한 유지다. 이 유지의 처리 방법 때문에 카카오 콩 특유의 생산·가공 구조와 제품이 생겨났다.

초콜릿으로 「변신」

생산국에서 출하되어 소비국에 도착한 카카오 콩은 대략 다음과 같은 가공과정을 거친다(그림 서장-5).

카카오 콩이 공장에 반입되면 불량이나 쭉정이를 제거한다. 양

품질 나쁜 콩이나 쭉정이를 제거함

카카오 콩을 으깨어 껍질을 벗긴다.
카카오 닙(카카오의 **껍질과 배아를 제거한 부분**)이 나온다.   카카오 콩   카카오 닙

볶기 카카오 닙을 볶아, 카카오 콩 특유의 향을 끌어
      낸다.

마쇄磨碎 카카오 닙을 갈아 으깬다.
       카카오 매스(으깨진 뒤 걸쭉해진 카카오)가 완성된다.
       카카오 매스에는 약 55%의 지방분이 함유되어있다.

| 코코아 파우더의 제조과정 | 초콜릿 제조 과정 |

압착 카카오 매스에 압력을 주면 코코아 케이크와 코코아 버터로 분리된다.

코코아 케이크   코코아 버터

혼합
카카오 매스에 코코아
버터, 설탕, 우유를
혼합.

분쇄 코코아 케이크를 부숴 가는
       입자로 만든다.

정련(콘칭conching)
콘칭 기계에서 장시간
반죽한다. 초콜릿 특
유의 향이 생긴다.

코코아 파우더 완성.

조온(템퍼링tempering)
온도를 조정하여 코코
아 버터의 결정을 안
정화시킨다.

초콜릿 완성. ◄──── **냉각·성형** 초콜릿의 성형.

그림 서장-5 카카오 가공 과정

24

질의 콩을 부숴 껍질을 벗긴다. 이 과정에서 남은 카카오의 배유胚
乳 부분을 「카카오 닙」이라고 부른다. 그야말로 카카오 100%의 상태
다. 카카오 닙을 갈아 으깨는 작업을 「마쇄磨碎」라고 한다. 카카오 닙
이 으깨지면 갈색의 걸쭉한 상태가 되는데, 이것을 「카카오 매스」
라고 한다. 카카오 매스에는 지방분이 55% 가량 함유되어 있다.

  음료인 「코코아」를 만들 경우, 카카오 매스에는 지방분이 너무
많아 마시기 어려우므로 「압착」을 거쳐 카카오 매스에서 지방분을
짜낸다. 짜낸 지방분은 「코코아 버터」라고 부르고 남은 덩어리를
「코코아 케이크」라고 한다.
  코코아 케이크를 잘게 부숴 가루로 만든 것이 「코코아 파우더」
이며 음료용 코코아 분말로 사용한다.
  코코아 버터는 30~35℃에서 융해되는 특징이 있다. 이 온도가
인간의 체온과 비슷하기 때문에 초콜릿을 먹으면 입안에서 부드
럽게 녹는다. 코코아 버터는 안정된 지방질로 화장품이나 비누 등
다양한 용도로 쓰인다.
  초콜릿을 제조하는 경우 지방분 55%를 포함하고 있는 카카오
매스에 코코아 버터를 더 첨가한다. 지방분을 높여서 매끈한 느낌
을 주기 위해서다. 카카오 매스에 코코아 버터 외에 설탕, 우유 등
을 더해 「정련(콘칭)」한다. 장시간 반죽할수록 입자가 더욱 고와지고
초콜릿 특유의 향기가 강해진다. 반죽이 충분히 되면 코코아 버터

를 안정시키기 위해 「조온(템퍼링)」을 거치고 냉각·성형하여 초콜릿을 완성한다.

초콜릿의 가족들

앞에서 살펴본 것처럼 초콜릿 제조과정에서 카카오 매스에 코코아 버터가 첨가된다. 그런데 코코아 버터는 생산량이 적어서 가격이 비싸다. 그래서 코코아 버터가 아닌 대용품을 사용하는 경우가 있다. 흔히 대용 유지로 사용되는 것이 코코넛 기름과 팜유 등이다.

제조과정에서 다양한 재료가 첨가되기 때문에 초콜릿 업계는 초콜릿 표시에 관한 규약을 정했다. 카카오 고형분이나 코코아 버터의 함유량에 따라 제품은 네 종류로 분류된다(다크 초콜릿, 밀크 초콜릿, 코팅용 초콜릿, 화이트 초콜릿). 네 종류 가운데 카카오 성분이 가장 많은 것은 바로 「다크 초콜릿」으로 CAC 규격을 기준으로 카카오 고형분이 35% 이상이며 동시에 코코아 버터가 18% 이상 함유된 제품을 말한다.

최근 몇 년간 카카오 함유량이 많은 다크 초콜릿의 인기가 오르고 있다. 70%, 85%, 99% 등의 숫자가 신경 쓰이는 초코 애호가가 많을 것이다. 예컨대 「70%」라는 표시는 「카카오 매스+코코아 버터」의 총량이다. 규약에 따르면 코코아 버터가 18% 이상 들어있는 것이 확실하지만 제품에 따라 「카카오 매스」와 「코코아 버터」의 비율이 다르다. A사의 「70% 초코」는 카카오 매스 40%+코코아 버터 30%라면 B사의 「70% 초코」는 카카오 매스 20%+코코아 버터50%일 수도 있다. 「카카오 매스」와 「코코아 버터」의 비율에 따라 맛도 가격도 달라진다.

초콜릿 가게에 발걸음을 옮기면 보석처럼 진열된 조각조각의 초콜릿을 「봉봉 쇼콜라bonbon chocolat」나 「프랄린praline」이라고 부르기도 한다. 「코코아」를 주문하려고 하면 「쇼콜라쇼Chocolat Chaud 말씀이시죠?」라는 말을 듣게 될 때도 있다. 통일된 초콜릿 용어가 없으니 각각의 제조자나 팬들이 취향에 맞게 마음대로 사용한다.

이 책에서는 단순한 기준을 정해 달콤한 길을 걸어가 보려고 한다. 일상적으로 사용되고 있는 것처럼 고형으로 먹는 것은 「초콜릿」, 액체로 마시는 형태는 「코코아」(또는 「카카오 음료」), 초콜릿을 사용한 과자는 「초콜릿 가공과자」로 표기한다.

카카오의 세계적인 맛

달콤한 길로 떠날 준비를 위해 먼저 대강의 여행 경로를 알려드리려고 한다. 중남미에서 「신들의 음식」이었던 카카오는 세계 각지로 전파되면서 코코아나 초콜릿으로 가공되어 「세계적인 음식」

이 되었다.

17세기 이후 카카오 콩을 「무역 상품」으로 유럽에 운송할 수 있는 체계가 갖춰졌다. 근대 유럽은 반입된 카카오 콩을 「생산·가공」할 수 있는 틀을 만들었으며, 코코아 등의 가공 상품이 점점 많아졌다. 카카오 콩을 둘러싼 「무역체제」와 「생산·가공체제」가 수레의 두 바퀴처럼 나란히 맞물리면서 코코아와 초콜릿은 국제적인 규모의 식품으로 성장해갔다.

이 책에서는 카카오 글로벌화의 두 성장 엔진인 「무역체제」와 「생산·가공체제」에 주목하고자 한다. 두 체제가 어떻게 형성되었고 연동되어 글로벌 식품의 성장을 실현했는지 발전 과정의 역사를 밝힐 것이다. 「생산·가공체제」의 조기 실현을 일궈낸 영국의 코코아·초콜릿 사정에 초점을 맞춘 것도 이런 이유 때문이다.

달콤한 길을 둘러보며 신들의 열매 「테오브로마」에서 만인에게 사랑받는 「글로벌 테이스트」로 변신한 「갈색 보석」의 여행 이야기를 음미해보자.

제1장
카카오 로드의 확대

1. 카카오 「열매의 기원」

카카오의 요람지

카카오 콩 중 크리올로 종의 원산지는 중미의 메소아메리카라고 불리는 지역이다(현재 멕시코 남부, 과테말라, 벨리즈, 엘살바도르, 온두라스 서부, 니카라과 일부). 메소아메리카 지역은 카카오와 관련된 출토품과 기록이 발견되는 소위 카카오 문화의 발상지이다. 여기서 메소아메리카의 역사를 되짚어보자.

기원전 11세기경 멕시코 연안의 타바스코 지방에서 올멕Olmec 문명이 형성됐다. 그 영향을 이어받아 멕시코 만과 태평양 사이의 소코누스코 주변에서 기원전 11세기부터 기원후 2세기경 사이에 이자파Izapa 문명이 성립되었다. 올멕 문명, 이자파 문명이 성립된 지역이 크리올로 종의 원산지에 해당된다. 두 문명의 유적에서는 재가 된 기원전의 카카오 열매가 출토되었다. 「카카오」라는 단어 역시 올멕 문명, 이자파 문명에 해당되는 믹세소케어족Mixe-Zo-que Language이 「카카우(kakawa. 마야어에서 음절 마지막 모음이 묵음이다)」라고 부른 것이 어원이라고 한다[1].

유카탄 반도에서는 4~9세기에 걸쳐 마야의 도시국가가 번성했다. 마야인은 장대한 신전을 세우고 20진법에 의한 숫자 표기, 태

그림 1-1 카카우kakawa라는 문자가 적힌 토기
(벨기에 브뤼헤, 초콜릿 박물관 소장)

양력, 그림문자 등 독자적인 문명을 발전시켰다. 마야 유적의 출토품 중에는 5세기경의 손잡이 달린 토기가 있는데, 측면에 「카카우」라는 발음의 문자가 적혀 있다고 한다. 토기 내부에서도 카카오 잔재가 확인되었다. 마야인 역시 갈색의 콩을 「카카우」라고 부른 것이다[2](그림 1-1).

4~7세기 멕시코 고원에서는 테오티우아칸 문명이 번성했는데, 그 지역에서 카카오 콩을 그리거나 카카오 포드로 보이는 열매가 묘사된 토기가 출토되고 있다(그림 1-2).

12세기 경 멕시코 고원에 진출한 아즈텍 족은 14세기가 되자 테노치티틀란(현재의 멕시코시티)을 수도로 정하고 아즈텍 왕국을 세웠다. 거대한 신전, 태양력, 그림 문자를 발전시켰고 상거래가 활발하게

**그림 1-2 카카오 포드를 매단
조각상** 에콰도르, 기원 100년경
(벨기에 브뤼헤, 초콜릿 박물관 소장)

이뤄졌다. 15세기 후반에는 세력범위를 과테말라 부근까지 넓혔으며 각지에서 특산물을 거둬들였다. 이렇게 거둬들인 공납품에는 카카오도 있었다(그림 1-3).

1521년, 아즈텍 왕국은 스페인 사람 코르테스의 군대에 정복되어 멸망했다. 스페인 인은 마야 문명권이었던 유카탄 반도까지 지배했다. 스페인의 식민지가 된 메소아메리카의 원주민인 인디오들은 높은 세금을 내야했을 뿐 아니라 노동력으로 차출되는 등 가혹한 환경에 놓였다. 거기다 외부에서 유입된 전염병이 유행하면서 인디오 인구는 크게 줄었다. 선교를 하러 들어온 스페인 수도사들은 인디오 학대를 비판하기 시작하였고 백인이 운영하는 농장에 아프리카의 흑인 노예를 노동력으로 데려오는 형태의 플랜테이션plantation이 자리 잡게 되었다.

그림 1-3 카카오를 아즈
텍 왕국의 수도로 운반
하는 대상(隊商, 교통이 발
달하지 않은 지방에서 짐을
옮기던 상인 집단)
(출처 : Sophie D. Coe &
M. D. Coe, 1996, p. 76)

카카오의 신비한 힘

15세기까지 카카오를 둘러싼 이야기의 등장인물은 마야 인과
아즈텍 인이었다. 마야 사회와 아즈텍 사회에서 카카오는 신비한
힘의 상징으로 귀한 대접을 받았다. 카카오 콩은 다양한 효과로
사회에 활력을 줄 것이라 기대되었는데, 그 효과는 크게 세 부분으
로 나뉜다. 바로 종교와 경제, 신체적 효과였다. 카카오는 신에게
바치는 공물로 쓰였기에 종교적인 역활을 담당했다. 경제적인 면
에서는 카카오를 화폐로 사용했으며 신체적으로는 카카오의 영양
소로 건강을 증진시키고자 했다.

종교, 경제, 신체적인 증강과 카카오는 구체적으로 어떤 연관성
을 가지고 있었을까. 여러 종교 의식, 예컨대 농작물의 파종이나
풍작을 비는 기도에서 사람들은 카카오를 공물로 바치면서 신에

게 후한 가호를 빌었다. 수확 축제에서는 카카오 신에게 감사 인사를 드렸다. 유카탄 반도의 마야 인에게 카카오의 신은 상업을 관장하는 신이기도 했다. 탄생, 성장, 결혼, 죽음 등의 통과의례에서도 카카오가 등장했는데 여자 아이가 태어나면 생후 하루나 이틀째에 카카오나 새를 봉납했다. 약혼이나 결혼식의 답례품으로 카카오를 사용하는 경우도 있었다. 아즈텍에서는 죽은 자에게 카카오나 옥수수를 바쳤다[3]. 카카오가 영력을 지닌 물건이라고 생각했으며, 종교적인 중개 역할을 하여 이 세상 사람들의 생각을 신에게 전달해주기를 기원했다.

갈색 화폐

경제적인 면에서 카카오는 금, 은과 함께 화폐로 활용되었기 때문에 경제력의 상징이었다. 예를 들어 1545년 멕시코 시장에서는 큰 토마토 한 개가 카카오 한 알, 계란은 카카오 두 알, 산토끼는 카카오 100알, 칠면조 수컷은 카카오 200알에 거래되었다[4]. 잘 건조시킨 카카오 콩이 화폐로 쓰인 것이다.

고대 문명에서 조개나 돌이 화폐로 사용된 예가 쉽게 발견된다. 귀중품이면서 동시에 몸에 지니기 쉬운 물건이 교환 수단으로 사용된다. 화폐로 쓰이려면 넓은 지역의 사람들에게 그 가치를 인정

받아야 한다. 화폐는 케인즈가 말했듯 「유동성」 즉, 「시간에 상관없이 어떤 상품과도 교환할 수 있는 용이성」이 있어야 하며, 동시에 「가치의 보장수단」으로서의 유효성, 다시 말해 불확실한 미래에도 일정한 가치가 유지되리라는 믿음이 있어야 한다. 화폐로서 유통된다는 것은 「화폐의 단순한 대체물이 화폐의 자리를 대신하여 진짜 화폐가 되어 버리는 기적」 같은 일이다[5]. 또한, 화폐로 사용되는 사물은 만물과 교환되는 가치를 지닌다는 「주술적, 종교적 힘」을 인정받는데, 「과거의 모든 시간을 현재 존재하는 하나의 물체에 압축했다는 이해하기 힘든 일」이 인정된 것이기도 하다[6].

이런 역할의 교환수단은 만인의 신뢰를 받으면서 영향력이 더욱 커지고 교환 기능이 강화되어 사회에서 화폐로서의 역할을 완수해 간다. 카카오가 화폐로 사용되었다는 것은 만물과 교환할 수 있는 신비한 역할을 인정받았다는 뜻이다.

메소아메리카에서 카카오는 종교적으로 신들의 세계와 현세를 잇는 매개수단이자 경제적으로 현세에 걸친 광범위한 사람들의 사이를 잇는 교환수단으로서 사회에서 중요한 역할을 하고 있었다는 것을 알 수 있다.

낙원의 음료

마야 사회와 아즈텍 사회에서 카카오는 화폐로 사용될 정도로
귀중품이었으므로 카카오를 식품으로 즐길 수 있었던 사람들은
사회 상층부로 제한되었다(그림 5).

아즈텍 왕국의 마지막 왕 몬테수마 2세Montezuma II의 식사에 카
카오로 만든 음료가 나온 모습을 보고 스페인 사람은 다음과 같이
묘사했다.

> 「이 나라에서 수확되는 모든 과일이 운반되어 왔지만, 몬테수
> 마는 아주 조금만 먹었다. 가끔 카카오 열매로 만든 음료가 순금
> 컵 몇 개에 담겨 나오는 경우가 있었다. 여자와 잠자리를 갖기 위
> 해 마신다고 들었으나 당시 우리는 그런 것에 신경 쓰지 않았다.
> 거품이 생긴 상급 카카오가 든 큰 항아리가 50개 이상 옮겨지는
> 광경을 보느라 바빴을 뿐이다. 몬테수마는 여자들이 정중하게 바
> 치는 카카오 음료를 받아 마셨다. (중략) 몬테수마의 식사가 끝나자
> 뒤이어 호위병이나 궁에서 일하는 많은 하인들의 식사가 시작되
> 었다. 앞서 말했던 요리가 가득 담긴 접시 수가 천 개를 넘었고 멕
> 시코 풍의 거품이 생긴 카카오 항아리도 이천 개 이상 있었을 것
> 이다[7].」

그림 1-4 카카오 콩을 볶는 그릇
(벨기에 브뤼헤, 초콜릿 박물관 소장)

마야에서도 아즈텍에서도 카카오는 음료로 마시는 것이 일반적이었다. 카카오 음료는 다음과 같이 만들었다.

먼저 발효를 시킨 뒤에 건조된 카카오 콩을 흙냄비에 넣고 약한 불에 볶는다(그림1-4). 「메타테Metate」라고 불리는 휘어진 모양의 돌 도마 위에 막 볶아 따뜻한 콩을 올리고 돌 밀개 같은 도구를 사용하여 콩을 분쇄한다(그림 1-5). 갈아서 으깬 콩은 질척해지면서 카카오 매스 상태가 된다.

이 상태 그대로는 맛이 쓰다. 유지도 많다. 그래서 여러 향신료나 쓴맛을 완화하는 첨가물을 넣어 마시기 쉽게 만든다. 첨가물은 고추, 아치오테(잇꽃나무의 열매), 옥수수 가루 등을 사용했다. 첨가물을 넣은 카카오 매스를 찬물이나 뜨거운 물에 녹이고 나무봉으로 힘차게 저어 거품을 일으켜 마신다.

카카오 음료를 섭취할 때는 「거품을 내는 것」이 중요했다. 메타

**그림 1-5 카카오 콩을 가는
여성 조각상**
(벨기에 브뤼헤, 초콜릿 박물관 소장)

**그림 1-6 높은 위치에서
카카오 음료를 따르는 여성,**
AD 750년경. 마야 궁정
(출처 : Sophie D. Coe
& M. D. Coe, 1996, p. 50)

테로 콩을 갈아도 사람의 힘으로는 입자를 곱게 만드는 데 한계가 있다. 거품은 입에 머금었을 때 결코 매끄럽다고 할 수 없는 거칠거칠한 느낌을 줄이기 위한 방법이었을 것이다. 또한 카카오 콩에는 유지가 많기 때문에 휘저어 섞으면서 유지를 흩뜨릴 필요도 있었다. 나무봉을 사용하는 방법 외에 카카오 음료를 높은 위치에서 따라 거품을 내는 방법도 있었다(그림 1-6).

이런 방식으로 만들던 카카오 음료가 달콤할 리 없었다. 오히려 씁쓸하고 자극이 강한 음료였다. 현대인이 느끼기엔 단 음식이라기보다는 약용음료, 가령 인삼이나 고추, 생강, 마늘 등을 넣어 만든 달지 않은 음료나 탕약 같은 것이었다. 부유충은 바닐라나 벌꿀을 넣어 마시는 경우도 있었다고 한다. 고가의 재료를 식품으로 섭취한 것은 피로 회복이나 정신고양 등의 약효를 기대했기 때문이다. 카카오 음료는 마신 뒤에 신체적·정신적으로 건강해져서 행복한 일상을 기대할 수 있는 낙원의 음료였다.

2. 낙원을 떠나

궁전의 식탁에서 서민의 손으로

마야, 아즈텍 특권계급의 기호품이었던 카카오 음료가 궁전이나 저택의 식탁에서 서민의 집으로 전파된 것은 1521년 아즈텍 왕국이 멸망하고 누에바 에스파냐(신 스페인) 부왕령 설치로 인해 스페인 식민지가 된 이후의 일이다.

콜럼버스는 1502년에 온두라스 앞바다 구아나야 섬에서 마야인의 교역 카누에 카카오 콩이 쌓여있는 것을 봤다고 한다[8]. 정복자 코르테스도 카카오를 보고 스페인 왕 카를로스 1세에게 보낸 서신에서 「이 카카오라는 것은 아몬드와 비슷한 과일로 가루로 만들어 거래하며 그들이 무척 귀하게 여깁니다. 그런 이유로 이곳에서 화폐로 널리 쓰이고 있으며 시장이나 다른 장소에서도 필요한 것은 전부 카카오로 구입할 수 있습니다」라고 보고했다[9].

아즈텍 시대에는 세력 내의 중앙아메리카 각지에서 수도 테노치티틀란으로 카카오를 바쳤다. 1521년 아즈텍 왕국이 멸망한 뒤에도 카카오 공납은 계속되었는데, 카카오를 받은 것은 스페인이었다. 1531년부터 44년 사이에 185개 고장에서 카카오를 바쳤다[10]. 입수한 대량의 카카오로 이익을 보기 위해 스페인은 식민지로 만든 멕시코 사회에 카카오 음료를 마시는 습관을 전파하였다. 카카오 음료는 대중적인 음료가 되었고 서민에게 카카오를 판 이익은 스페인 인의 손에 들어갔다[11].

인디오는 돌 메타테로 카카오 콩을 갈아 으깨서 단맛이 없는 자극적인 음료로 마시는 전통적인 섭취법을 답습했었다. 하지만 이 음료는 스페인 인의 미각에 맞지 않았다. 스페인 인은 설탕을 넣어 단맛으로 마시는 방법을 고안했다. 멕시코에 설탕이 들어온 것은 1522~24년이라고 한다. 식민지라는 환경에 감미료의 유입이 맞물리면서 새로운 맛이 만들어지게 되었다. 이 달콤한 음료는 16세기 후반에 스페인 본국에도 서서히 침투했다.

백인 지배계급의 등장에 따라 중앙아메리카의 특산품은 그 이전과는 다른 계급을 대상으로 보급되었고, 이전과 다른 조합의 활용법이 고안되었다. 말하자면 새로운 「맛」이 창출되어 지배계급에 부를 안겨주었다.

카카오를 둘러싼 이런 상황이 반영되었는지 「초콜릿」이라는 말이 이 시기에 등장했다. 스페인 인은 1570~80년대에 카카오 음료를 「cacahuatl」 혹은 「chocolatl」로 적었다. 이 말의 어원에 대해서는 여러 가설이 있다. 유력한 가설 중 하나는 마야어 「차카우 하(chacau haa, 뜨거운 물)」에서 왔다는 가설이다[12]. 마야, 아즈텍에서는 카카오 음료를 물에 녹여 차가운 상태 그대로 마시는 것도 일반적이었다. 설탕을 넣어 달콤하게 만들고 뜨겁게 데워 마시는 것을 확산시킨 것은 스페인 인이다. 마야어 「차카우 하」에 아즈텍 인의 사용 언어인 나우아틀어의 「아틀(물)」이 붙었다는 가설이다. 스페인 인에게 카카오를 마시는 습관이 생긴 시기와 스페인 인이 기록한 문헌에 「Cacahuatl(chocolatl)」이라는 말이 등장하게 된 시기가 일치하기 때문에 이 가설이 유력하다. 스페인 인이 익숙해진 것은 중미가 원산지인 쓴맛이 적고 맛이 순한 크리올로 종이었다.

신세계에서의 성장

16세기 멕시코 사람들 사이에 카카오를 마시는 습관이 널리 퍼졌다. 17세기말까지는 멕시코가 가장 큰 카카오 소비지였다. 카카오의 수요가 늘수록 생산지도 넓어졌다. 주요 산지로는 16세기에는 메소아메리카, 17세기에는 중미 카리브 해 주변과 남미 일부,

19세기에는 남미의 브라질로 변화하며, 19세기 후반에는 아프리카가 등장하게 되었다. 그 추이를 좀 더 자세하게 살펴보자.

16세기 초에 카카오 주요산지는 메소아메리카의 타바스코, 소코누스코 주변으로 크리올로 종의 원산지이다. 그러나 스페인 통치가 진행되면서 소코누스코 주변의 인디오 인구는 급격하게 줄어들었다. 인디오 인구가 전염병과 가혹한 노동 탓에 30여 년 동안 10분의 1로 감소하자 카카오 재배에 필요한 노동력이 부족해졌다. 그에 따라 16세기 중반, 이 지역의 카카오 재배는 쇠퇴하게 되었다.

그 대신 생산량이 늘어난 지역이 이살코(현재의 엘살바도르)다. 1560~70년대에 멕시코로 출하한 카카오는 종전의 10배 이상이었다. 하지만 여기에서도 인디오 인구가 감소하였기에 카카오 생산을 유지할 수 없게 되었다.

17세기가 되자 카리브 해 주변 지역과 남미 일부가 산지로 대두되었다. 그 대표적인 곳이 과야킬(현재의 에콰도르)과 카라카스(현재의 베네수엘라)다.

남미 과야킬은 1537년에 세워졌다. 이곳에서는 포라스테로 종이 재배되었다. 16세기말부터 멕시코에 카카오를 출하하기 시작했고 17세기 들어 본격적으로 출하하게 되었다. 크리올로 종에 익숙해진 멕시코 사람들 입에 포라스테로 종은 맛이 썼다. 멕시코 시청에서 과야킬산은 멕시코산 크리올로 종에 비해 질이 좋지 않다는 이유로 수입을 금지하려 한 적도 있었다. 그러나 1640년대에 과야킬 산이 대량으로 유입되면서 카카오 가격이 내려갔다. 서민이 일상적으로 마셔도 부담이 되지 않는 가격까지 내려갔기에 보급이 가속화되었다. 서민은 저렴한 과야킬 산을 마셨고[13], 스페인인은 크리올로 종을 좋아했다.

카라카스는 스페인 이민자가 1567년에 세운 고장으로 1607년에 이미 멕시코로 카카오를 수출(표 1-1)하고 있었다. 농원의 경영자는 역시 스페인계 중심의 백인 이민자였다.

표 1-1 카라카스의 수출 품목 구성 (1607년)

품목	가격 총액 (레알)	구성비율 (%)
담배	34,050	42.9
소맥분	28,508	35.9
피혁	5,208	6.6
설탕	4,170	5.2
살사 소스	3,750	4.7
면포	2,400	3.0
비스킷	720	0.9
카카오	432	0.5
치즈	225	0.3
합계	79,463	100.0

(출처 : 후루카와 마사히로, 1988, p. 101)

원래 카라카스 주변에는 크리올로 종과 포라스테로 종이 모두 자생하였으며 그 수가 많았다. 카라카스 지역은 안데스 산맥이 카라카스 해안의 근처까지 이어져 있어 바다의 습한 바람이 산맥과 만나면서 비가 내리기 쉬운 지형이다. 따라서 적당히 다습하여 카카오 재배에 알맞은 기후였다. 1630년대에는 스페인 본국에도 카카오를 수출하게 되었다.

카라카스의 카카오 농원에서는 원래 인디오의 노동력을 이용했지만 1630년대에는 아프리카에서 노예무역으로 데리고 온 흑인 노예를 쓰게 되었다. 17세기에는 카라카스의 플랜테이션의 주요 노동력이 흑인 노예로 완전히 바뀌어 있었다[14].

카카오가 과야킬이나 카라카스 등 멕시코에서 멀리 떨어진 지역에서 들어오게 되면서 17세기에 카카오를 취급하는 백인 카카오 상인이 성장했다. 멕시코시티 시내에 카카오를 저장하는 창고를 짓고 각지의 카카오 플랜테이션에서 카카오를 구입하여 시중에 도매로 팔았다. 카카오 상인의 중개로 멕시코시티에서 카카오 거래량이 증가했으며 1638년에는 거래액이 매년 50만~100만 페소에 미치게 되었다. 확대되는 시장에 카카오 생산량을 늘리기 위해 카라카스의 플랜테이션은 많은 흑인 노예를 사들이려고 했다. 흑인 노예를 통한 카카오 재배가 이뤄지면서 카카오 산지가 발전했고, 카카오 상인들은 노예 무역에도 관여하게 되었다[15].

카카오 아일랜드

카리브 제도에 카카오 재배를 널리 퍼뜨린 것은 프랑스인이다.

프랑스는 1635년에 마르티니크 섬을 식민지로 삼았다. 1660년경 마르티니크 섬에서 카카오가 재배되기 시작했고 1679년에는 마르티니크 산 카카오가 프랑스 본국으로 운반되었다[16]. 뒤이어 1684년에는 남미 본토의 수리남, 1734년에는 가이아나에서도 카카오 생산이 시작되었다.

같은 시기에 프랑스는 카리브 해의 산토 도밍고 섬(히스파니올라 섬, 현재의 아이티)등에서 아프리카의 흑인 노예를 노동력으로 수입하여 식민지에서 특산물의 생산기반을 세우는 방식으로 설탕 플랜테이션을 적극적으로 경영, 「카리브 해의 진주」라고 불릴 정도로 성공을 거뒀다[17].

베네수엘라와 가까운 트리니다드 섬은 원래 스페인령으로 1525년부터 크리올로 종의 재배를 시작했다고 전해진다. 18세기 초반에 질병과 기후 탓에 크리올로 종의 재배가 곤란해지자 1757년에 포라스테로 종 묘목을 가지고 와서 살아남은 크리올로 종과 교배하여 트리니타리오 품종을 만들었다. 트리니다드 섬도 설탕 플랜테이션으로 유명한 섬이었는데, 1802년에 영국령이 되었다. 그 이후 트리니다드 섬은 영국 시장에서 중요한 설탕 공급지 중 하나가 되었다.

베네수엘라의 카라카스에서 가까운 퀴라소 섬도 원래는 스페인령이었지만 1634년에 네덜란드령이 되었다. 그 후, 네덜란드의 서인도회사의 교역 거점이 되었고 중계무역항으로 번영한다. 퀴라소 섬은 베네수엘라의 카카오 산지와 옆이지면 코 닿을 거리에 있다. 따라서 당연히 취급 품목에 카카오도 포함되었고, 본국의 암스테르담은 유럽 시장에 카카오가 유입되는 입구 중 하나가 되었다.

남미 브라질에서 포라스테로 종의 상업재배가 시작된 것은 1755년이었다. 당시 브라질은 포르투갈의 식민지로 재배의 중심은 바이아 지방이었다. 10년 만에 카카오 재배가 궤도에 올라 1770년대에는 수출이 가능해졌다. 19세기에 들어서자 생산량이 더욱 늘어 19세기 초에 연간 2,000톤 정도, 후반기에는 연간 4,000~5,000톤에 달하는 세계적인 생산지로 성장했다. 포르투갈은 유망한 카카오 생산지를 거느리게 되면서 포르투갈 국내에 충분한 양의 카카오가 퍼지게 되었으며 약품과 식품으로 윤택하게 활용되었다.

19세기 후반에는 아프리카도 카카오 산지로 새롭게 합류했다. 1822년에 포라스테로 종이 브라질 바이아 지방에서 기니 만 상투메 섬으로, 1855년에는 페르난도포 섬으로 유입되어 19세기의 카카오 산지로 성장했다.

브라질 바이아 지방의 카카오 재배와 상투메 섬의 재배에는 다음과 같은 연관이 있다. 브라질과 상투메 섬, 프린시페 섬은 모두 포르투갈 식민지로 두 섬 모두 포르투갈 노예무역의 아프리카 중계항이었다. 아프리카에서 브라질로 이송된 흑인 노예는 1538년부터 1850년까지 300년 동안 350만~500만 명에 달한다. 바이아 지방의 사우바도르는 대서양을 접하고 있어 브라질로 흑인 노예가 가장 많이 들어오는 항구였기 때문에 흑인 노예의 노동력을 바탕으로 브라질 바이아 지방의 카카오 재배가 성장할 수 있었다[18]. 그 성장을 바탕으로 흑인 노예가 이송된 정반대의 경로로 카카오 묘목이 남미에서 아프리카의 섬으로 전파되었으며, 카카오 산업이 성장하기 이전의 포르투갈은 브라질이나 상투메 섬에서 흑인 노동력을 활용하여 설탕 플랜테이션을 성장시키고 있었다. 하지만 설탕과 카카오 생산지는 거의 겹쳤기 때문에 아프리카 본토의 가나에 포라스테로 품종이 이식된 1879년 이후로 19세기말~20세기에 1대 생산지로 성장하게 되었다.

3. 바다를 건넌 갈색 쌍둥이 – 카카오와 설탕

갈색 눈물 – 대서양 삼각무역

　이처럼 카카오의 확산은 유럽 제국에 의한 신세계의 식민지화와 깊은 연관이 있다. 카카오 무역은 설탕과 마찬가지로 소위 대서양 삼각무역 시스템 속에서 행해졌다. 대서양 삼각무역이란 대서양을 끼고 유럽, 아프리카, 중남미·북미의 사이에서 행해진 상업 거래를 말한다(그림 1-7).

대서양 삼각무역은 대개 다음과 같이 이뤄졌다.

유럽 항구에서 무역선이 무기, 섬유제품 등을 선적하고 출발한다. 대서양을 남하하여 아프리카 서해안에 도착하면 이 상품을 흑인노예와 교환했다. 아프리카 서해안의 흑인 왕국에서는 흑인 지도자층이 백인에게 회유되어 무기를 들고 「노예 사냥」을 실시하고 있었다. 흑인 노예를 태운 배가 대서양을 횡단하여 중남미·북미에 도착하면 태우고 온 노예들을 노동력으로 백인의 플랜테이션 경영자에게 팔았다. 플랜테이션 경영자는 흑인 노예가 피로로 죽

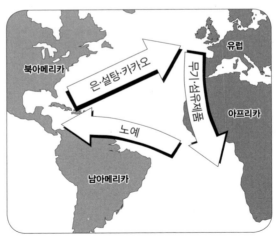

그림 1-7 대서양 삼각무역

게 되면 다음에 쓸 노예를 사들였다. 그리고 텅텅 빈 배에 신세계의 상품을 싣고서 유럽의 모항으로 돌아왔다. 노예무역을 실시한 것은 아프리카에 거점을 확보한 포르투갈, 영국, 프랑스, 네덜란드 등이었다.

유럽 제국은 중남미·북미, 아프리카, 아시아에 식민지를 획득했고 유럽에 부를 축적해주는 세계적인 분업체제, 즉 근대세계 시스템을 형성했다. 신세계의 플랜테이션에서 일하는 노동력을 확보하기 위해 아프리카에서 데리고 온 노예는 수천만 명에 달했다. 신세계에서 유럽으로 실려 온 산물은 갈색 피부의 사람들이 눈물로 만들어낸 것이었다. 노예무역이 폐지된 시기는 영국이 1807년, 프랑스는 1848년, 네덜란드는 1863년이었다.

카카오는 16세기 전반까지 앞서 말한 것처럼 메소아메리카의 문화권·교역권에서 상위계층만이 향유하던 기호품이었다. 그러나 스페인이 통치를 시작한 1521년 이후 중미의 스페인 식민지에서는 사회의 폭 넓은 계층에 카카오의 맛이 보급되게 되었고 17세기에 들어서면서 자연히 늘어난 수요에 맞춰 중미 시장에 카카오를 공급하기 위해 카리브 해 지역의 카카오 플랜테이션에서 흑인 노예를 노동력으로 도입하게 되었다. 16세기 후반~17세기에 스페인 본국에도 카카오의 맛이 전파되면서 카카오는 유럽으로까지 수출되기 시작한다.

이전에 「메소아메리카의 상품」이었던 카카오는 17세기에 대서양 삼각무역의 구조의 일부로 자리 잡으면서 「세계적인 상품」으로 변해갔다.

갈색 금

카카오는 대서양 삼각무역의 집적지인 유럽에 「달콤한 음료」로 전파되었다. 카카오만으로는 폴리페놀의 쓴맛과 신맛이 지나치게 강해서 유럽 사람들의 입맛에 맞지 않았지만 「단맛」, 즉 설탕과 쌍을 이루자 유럽 사람들의 입맛에 맞으면서도 카카오 콩 특유의 「쓴맛·신맛」을 낼 수 있었다.

설탕은 대서양 삼각무역에 의해 신세계에서 유럽으로 운반된 주요생산품 중 하나이다. 설탕으로 인해 유럽 사회에 감미료가 공급되게 되었는데, 그와 더불어 카카오도 바다를 건너 유럽 사회에 공급되는 상품이 되었다. 설탕도 카카오도 17세기에는 중미 카리브해 지역이 주산지였으며 흑인 노예에 의존하여 생산되었다. 유럽 사회에 받아들여진 과정에 유사점이 많은 카카오와 설탕은 마치 쌍둥이 형제와 같다.

카리브 해 지역에서는 원래 설탕의 원료인 사탕수수가 자생하지 않았는데 1493년 콜럼버스가 두 번째 항해에서 사탕수수 묘목을 카리브 해의 산토 도밍고 섬에 가져왔다. 이 후 카리브 제도가 식민지가 되면서 차례로 플랜테이션으로 개발되었으며 여름의 무더위 때문에 중노동에 종사할 노동자가 대량으로 필요해졌기에 카카오와 마찬가지로 흑인 노예를 데려와 작업을 시켰다.

플랜테이션에서 사탕수수를 수확하면 그것을 짜내 액체를 모으고, 액체를 바짝 졸여 갈색 조당으로 만든다. 조당을 정제하여 백설탕으로 만드는 작업은 유럽에 운반된 이후에 진행했다. 즉, 신대륙에서 운반할 때의 설탕은 정제되지 않은 갈색 덩어리였다. 설탕은 플랜테이션에 부를 안겨준 「갈색의 금」 같은 것으로 「갈색의 다이아」인 카카오 콩과 함께 대서양 삼각무역에서 바다를 건너 운반된 갈색 쌍둥이인 것이다.

카카오의 상륙지

17세기가 되자 유럽 시장에서 카카오에 대한 수요가 점점 늘어났다. 대서양을 건넌 카카오가 유럽에서 제일 먼저 상륙한 곳은 멕시코를 식민지로 둔 스페인의 항구거나 대서양 삼각무역의 모항 도시였다. 스페인의 항구 가운데 카카오의 주요 상륙지가 된 곳은 스페인 서부의 카디스 항과 동부의 바르셀로나 항이었다. 스페인의 식민지에서 본국으로 반입된 물자는 1780년대에 그 양이 급증했는데, 그 중 절반을 대서양과 가까운 카디스 항에 내렸다(그

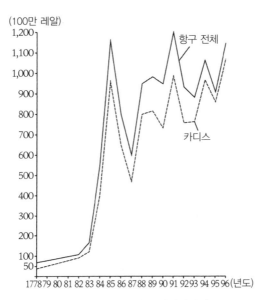

**그림1-8 중남미 스페인 식민지에서
스페인 본국으로 수입된 물자의 양**
(출처 : Fisher, 1985, p. 52)

림 1-8). 유입량의 절반 이상은 금과 은이었으며 카카오, 담배, 설탕, 인디고 등이 그 뒤를 이었다.

1782~96년에 카디스 항과 바르셀로나 항에 들어온 카카오는 8억 5,100만 레알로(표 1-2) 두 항구에 수입된 물품의 7.8%가 카카오였고 그 중 절반은 과야킬 산이었다. 베네수엘라의 카라카스 주변은 카카오뿐 아니라 인디고의 생산지이기도 해서 카카오와 인디고가 함께 실려 스페인 본국으로 운반되기도 했다[19].

표 1-2 바르셀로나 항구·카디스 항구에 입하된 카카오 량 (18세기)

(단위: 1,000 레알)

년 도	입 하 량
1782	775
83	29,342
84	33,663
85	57,141
86	48,833
87	101,488
88	63,984
89	55,437
90	25,465
91	46,064
92	41,788
93	71,014
94	109,982
95	83,394
96	82,967
합계	851,337

(출처 : Fisher, 1985, p. 52)

이처럼 17세기에 스페인의 항구를 거쳐 유입된 카카오의 절반
은 과야킬에서 난 포라스테로 종이라고 할 수 있기 때문에 17~18
세기에 유럽 사람들이 맛본 카카오의 상당수는 포라스테로 종이
었을 가능성이 높다.

대서양 삼각무역의 모항 도시로서 카카오 상륙의 입구가 된 곳
가운데 네덜란드의 암스테르담이 있다. 스페인의 지배에 놓여있

던 네덜란드 북부 7주에는 프로테스탄트인 칼뱅파가 많았는데, 이들은 1581년에 독립을 선언하고 1609년에 스페인과 휴전조약을 맺어 사실상 독립을 이뤄냈다. 한편, 네덜란드 남부(현재 벨기에에 해당하는 지역)는 독립에 실패하여 가톨릭 국가인 스페인의 지배를 계속 받았다. 프로테스탄트 상인들이 가톨릭의 지배에서 벗어나 네덜란드의 암스테르담으로 본거지를 옮겼기 때문에 국제적인 상업, 금융 거래는 암스테르담에 집중되었고 17세기 전반에 네덜란드는 근대 무역에서 중요한 위치를 차지하게 되었다. 동인도회사, 서인도회사에 의해 국제 무역이 활발해지면서 아시아, 아프리카, 중남미 각지의 물자가 네덜란드로 모였다. 네덜란드는 상업이 번성했을 뿐 아니라 신세계에서 유입된 자원을 가공하여 제품으로 만드는 공업도 발달했기 때문에 상업과 공업 양면에서 우위에 서게 되었다.

카리브 해에서 네덜란드 서인도회사의 거점이 된 것은 베네수엘라의 카라카스 근해에 있는 퀴라소 섬이다. 자유무역항인 이곳에 카리브 지역의 물자를 저장하는 창고가 빼곡하게 들어섰다. 퀴라소 섬에 모인 물자는 네덜란드 본국의 암스테르담을 향해 출하되었다. 퀴라소 섬은 중계무역항으로 번성하여 「암스테르담의 전담 항구」로 일컬어질 정도였다. 카라카스는 17~19세기에 중미의 대표적인 카카오 생산지였으며, 네덜란드는 베네수엘라의 카카오를 모아 암스테르담으로 옮겼다.

영국의 엘리자베스 1세는 네덜란드의 독립전쟁을 지원했고 1588년에 아르마다 해전에서 스페인 무적함대를 격파했다. 이 해전으로 영국은 신세계와의 무역항로를 확보했으며 신세계의 물자가 런던이나 대서양항로의 모항인 영국 서부의 리버풀 혹은 브리스틀 항구에 도착했다. 중남미에서 선적된 카카오가 통과지점인 영국의 각 항구나 최종목적지인 암스테르담으로 운반되게 된 것이다.

제2장

근사한 음료
코코아

1. 미지의 맛
-가톨릭에서의 종교 논쟁과 의학 논쟁

유럽의 코코아 로드

카카오를 가공하여 마시는 습관은 16~17세기에 스페인에서 다른 유럽 제국으로 퍼져나갔다. 설탕을 넣은 달고 뜨거운 음료를 스페인과 포르투갈에서 「cacahuatl」 또는 「chocolatl」로 부르기 시작했다[1]. 카카오를 원료로 사용하고 단맛을 첨가한 이런 음료를 이 장에서부터 「코코아」로 표기하고 유럽에서 코코아 로드가 남유럽형과 북서유럽형으로 갈라지게 된 과정을 살펴보고자 한다.

코코아가 알려진 시기는 유럽에 차와 커피가 보급된 시기와 겹친다. 16~19세기에 코코아가 알려지게 된 과정은 크게 둘로 나눠볼 수 있는데, 스페인·포르투갈·이탈리아·프랑스 등 남유럽의 가톨릭 제국에서 수용된 과정과 네덜란드, 영국 등 북서유럽에서 수용된 과정이다.

스페인, 포르투갈은 16세기에 중남미에 식민지를 세우고 16~17세기에 카카오 주요생산지를 억압했다. 네덜란드나 영국은 17세기에 동인도회사, 서인도회사를 시작으로 해외무역에 본격적으로 참가했다. 선발대인 스페인, 포르투갈보다 뒤처졌으나 중미 카리브 제도에 무역거점을 구축하고 본국에 설탕이나 카카오를 들여올 길을 열었다.

다만 17~18세기의 중남미 주요 카카오 산지는 과야킬(지금의 에콰도르)이나 카라카스(지금의 베네수엘라)로 여기를 확보하고 있던 스페인과 포르투갈이 여전히 카카오 입수에 유리했다. 19세기에는 브라질 바이아 지방이 카카오 생산지로 성장하였기에 포르투갈은 카카오를 더욱 저렴한 가격에 입수할 수 있는 좋은 조건을 갖추게 된다.

가톨릭 신자의 의문 - 약품인가 식품인가

스페인·포르투갈·이탈리아·프랑스 등 가톨릭 제국에서 처음으로 카카오를 소비한 것은 성직자나 귀족이었다. 가톨릭의 각 수도회는 신세계에서 포교활동을 전개하고 가톨릭 세력범위를 확대하여 본국의 세력을 유지하는 데 공헌했다. 당시 본국에 수입된 카카오는 가격이 비싸 이를 손에 넣을 수 있는 사람은 귀족층으로 한정되었다(그림 6).

1693년 예수회 선교사가 멕시코의 바야돌리드(지금의 모렐리아)에 있던 콜레지우(Colegio, 수도회의 교육·학술시설)에서 본국 스페인의 수도회 앞으로 발신한 보고서한이 있다. 거기에는 현지 예수회가 카카오 농원을 두 개 경영했고 그와 함께 19만 그루의 카카오 나무를 소유하고 있단 점, 카카오를 매각하여 얻은 수입으로 현지의 콜레지우를 경영하고 학원시설을 확충할 비용도 변통한다는 것 등이 기록되어 있다. 1704년, 1707년, 1751년에도 멕시코 내의 다른 지역에서 본국으로 보낸 서신에 예수회가 경영한 카카오 농원의 상황이 보고되어 있으며 본국으로 교단 유지비를 납부한 점을 알 수 있다. 크리올로 종의 원산지 오악사카에도 예수회가 경영한 카카오 농원이 있었다[2]. 현지 예수회는 포교기관이라는 기능 외에도 현지 생산품 교역에 적극적으로 관여하여 자금을 마련하는 경제적 기능도 맡았던 것이다[3].

현지의 카카오 농원은 본국의 교단본부로 카카오를 납입했을 것이다. 1721년에 스페인 예수회 교단시설에서 코코아 맛에 감탄했다는 내용이 문헌에 기록되어 있으며[4] 예수회는 크리올로 종의 원산지에도 농원을 소유하고 있었으므로 맛있다고 기록된 것은 크리올로 종일 가능성이 크다. 덧붙여 18세기 스페인에서는 멕시코 소코누스코의 타바스코 산 카카오가 선호되어왔고 남미의 과야킬 산은 쓴맛이 너무 강하다는 이유로 선호하지 않았다[5].

이렇게 가톨릭 수도회 교단 운영의 자금원으로 카카오는 빼놓을 수 없는 존재였는데, 여기에서 논쟁이 된 것은 코코아가 「약품인가, 식품인가」, 「음료(액체)인가, 식품(고체)인가」라는 문제였다. 가톨릭에서는 봄의 부활절 전의 사순절에 단식하는 습관이 있었다. 「약품」이라면 단식 중에도 섭취가 「가능」하나, 「식품」은 「불가」했다. 또한 「액체」는 섭취 「가능」하나, 고체는 「불가」했다.

코코아의 종교적 논쟁

　코코아를 둘러싼 종교적 논쟁은 「약품인가, 식품인가」, 「액체인
가, 고체인가」였다. 영양가가 풍부해서 건강증진에 효과적이라는
사실은 경험을 통해 인정되었다. 카카오 매스를 뜨거운 물에 녹여
거품을 일으킨 걸쭉한 상태는 액체라고 할 수도 있고 고체라고 할
수도 있어 애매했다. 영양이 부족한 단식기간에 자양분이 풍부한
코코아를 섭취할 수 있다는 점이 가톨릭 신자의 마음에 들었는데,
1567년 로마 교황 피우스 5세가 실제로 코코아를 맛보고 「이것은
음료이며 단식 중에 섭취해도 좋다」고 판단을 내리기도 했다.

　그러나 「지방분이 풍부해 체온을 높이는 효과가 있다」는 근거로
식품이라고 주장하며 계율 위반이라고 비판하는 의사들이 사라지
지 않았다. 「약품인가, 식품인가」라는 논쟁은 16~17세기 동안 거
의 100년에 걸쳐 계속되었다. 설탕을 넣은 코코아는 실제로 맛이
좋았기 때문에 코코아의 기능을 「약품」으로 한정하는 사회적 합의
를 도출하기도 어려웠다.

　이처럼 17세기에 「약품인가, 식품인가」라는 논쟁을 일으킨 생산
물은 카카오뿐만이 아니었다. 17세기에는 차, 커피, 감자, 옥수수,

담배, 토마토 등 신세계에서 온 생산품의 수가 늘었는데, 이런 신기한 산물을 어느 범주에 넣을지 사회적으로 논쟁이 일었고 미지의 맛에 매혹되어 입에 대는 것을 「악」으로 간주하는 종교적 규범도 강해졌다. 에덴 동산의 「선악과」가 인간의 첫 체험으로서 중요한 의미를 지니는 종교적 환경이었기에 어쩔 수 없는 논란이었다.

새로 들어온 산물은 논쟁을 통해 식품으로 서서히 자리를 잡게 되었다. 설탕 역시 비슷한 과정을 겪었다. 12세기 『신학대전』을 저술한 이탈리아 신학자 토마스 아퀴나스는 「설탕은 소화 촉진에 효과가 있다」, 「약품이지 식품이 아니다」라는 결론을 밝혔다. 의학적으로 권위 있는 이탈리아 살레르노 의학교의 의학서에서도 설탕에 약효가 있다고 적었다[6]. 의학적 권위에 근거하여 「약품」으로 인정받은 점은 종교적 비판에 대항하는 수단이 되었다. 그 때문에 성직자나 의사는 결론이 나지 않는 논쟁에 끊임없이 휘말렸으며 귀족들은 새로운 맛을 시험 삼아 먹어보며 점점 그 맛에 익숙해져 갔고 수요가 늘고 유입량이 늘면서 가격이 다소 내려가면서 새롭게 전래된 맛이 시민에게도 확산되었다.

카카오의 의학적 논쟁

카카오는 실제로 영양가가 풍부하고 약효가 있었기 때문에 「약품」으로 착실하게 정착되었다. 당시 의학이론에 의하면 카카오의 약효는 대략 다음과 같다.

중세 유럽에서는 체액병리설이라는 의학관에 의거하여 병을 진단하고 약을 처방했다. 체액병리설은 고대 그리스의 히포크라테스가 창시하고 갈레노스가 발전시켰다고 한다. 인체에는 혈액, 점액, 황담즙, 흑담즙의 네 가지 채액이 있어서, 이 체액들의 균형이 좋으면 건강하지만 균형이 무너지면 병에 걸린다. 네 체액은 「열」과 「냉」, 「건」과 「습」의 조합 네 가지 중 하나로 분류되며 병을 고치기 위해 원인과 정반대인 약품이 처방된다. 즉 「열·건」이 섞여 아프게 된 경우라면 「냉·습」인 약이 처방된다.

카카오를 시작으로 새로 들어온 산물들은 체액병리설을 근거로 「열」과 「냉」, 「건」과 「습」의 조합 네 가지 중 어디에 해당되는지 분류 테스트를 거쳤다. 체액병리설에 의하면 하나의 산물은 네 가지 중 한 가지 성질만 가진다. 2개 이상 해당되는 경우는 있을 수 없었다. 그런데 새로 온 산물을 둘러싸고 체액병리설이 혼란에 빠졌다. 예컨대 카카오에는 「냉·건」과 「열·습」의 정반대의 두 성질이 발견되었다. 그때까지 체액병리설에서는 동일한 물질이 정반대의 특성을 모두 지니는 일이 없었고 학설적으로 그런 일은 있을 수 없었다. 하지만 새로운 생산품 중에 체액병리설의 네 범주에 잘 들어맞지 않는 것이 나오기 시작한 것이다. 여기서 카카오의 「냉·건」은 폴리페놀의 쓴맛·떫은맛을, 「열·습」은 지방이 많고 미네랄이 풍부한 특징을 표현한 것으로 여겨진다[7].

스페인, 멕시코, 포르투갈, 이탈리아, 프랑스의 의사들 사이에 코코아가 「냉·건」인가 「열·습」인가를 두고 논쟁이 일었다. 처방이 필요한 상황이 서로 정반대였기 때문에 의사들에게는 중대한 문제였다. 예를 들어 스페인 세빌리아 출신으로 멕시코로 이주한 의사 후안 데 카르데나스는 1591년 출간한 자신의 저서에서 다음과 같은 견해를 적었다.

> 카카오는 본질적으로 「냉·건」이다. 지나치게 섭취하면 체액의 순환이 나빠져 우울한 기질이 증가한다. 지나치게 섭취하지 않도록 절제해야만 한다. 영양이 풍부하고 지방이 많은 특징은 「열·습」이다. 약간 느껴지는 쓴맛은 「열·건」을 시사한다. 이 씁쓸한 성분이 위의 소화를 촉진한다. 카카오에는 서로 다른 세 가지 특성이 있다. 우수한 약재이므로 이용하는 것이 좋다. 코코아에 첨가하는 향신료로 맛을 조정하여 카카오의 세 가지 특징 가운데 하나를 더욱 두드러지도록 처방하면 좋다[8].

체액병리설에 기반한 의학관으로는 카카오의 다양한 효능을 질서 있게 설명하는 것이 어려웠기 때문에 이후에도 의사들의 논쟁은 계속되었다. 얼마 지나지 않아 의학 자체가 체액병리설을 벗어나 혈액순환설로 이행했다.

이렇듯 카카오, 코코아의 수용 방식을 두고 성직자나 의사가 중간에 개입하여 장기간에 걸친 논쟁이 발생했는데, 이는 카카오에 관심이 집중되고 계속해서 사회적으로 받아들여졌다는 사실이 반영되었다고 볼 수 있다.

2. 코코아에 매료된 사람들 – 코코아와 계급

귀족층의 수용 – 코코아와 권력의 퍼포먼스

카카오의 성질이 「냉·건」인가 「온·습」인가와 상관없이 사람들은 카카오가 건강증진에 효과적이라는 사실을 경험적으로 알고 지지했으며 유럽 귀족들 사이에 코코아를 「약품」으로 마시는 습관이 유행했다.

스페인 궁정에서는 이미 카를로스 1세 시대(1516~1556)에 정복자 코르테스로부터 카카오에 대한 보고가 들어와 있었다. 1580년, 펠리페 2세 시대에는 스페인 왕이 포르투갈 왕도 겸하게 되면서 「해가 지지 않는 대제국」이 등장했고 포르투갈 궁정에는 「쇼콜라테이로chocolateiro」라는 궁정 코코아 담당관이 생겼다.

궁정의 코코아 담당관에게는 두 가지 역할이 맡겨졌다. 하나는 왕족과 궁정귀족에게 코코아를 바치는 역할, 또 하나는 포르투갈 군대를 위해 설치된 왕실 병원에서 카카오를 처방하고 카카오를 비축하는 역할이었다[9].

궁정 코코아 담당관의 역할에는 궁정에 코코아를 제공할 때 호화롭게 연출하는 것도 포함되었다. 17세기 스페인 궁정에서는 왕녀가 주최하는 간식 모임에 코코아가 나왔고, 테이블에는 화려하게 쌓아올린 설탕과자와 여러 종류의 콩피튀르(과일의 설탕 절임), 비스킷, 설탕 항아리가 나란히 놓였다. 코코아는 자기로 만든 컵에 따라 마셨으며 받침 접시는 마노(석영의 한 종류)로 만들어졌고 테두리가 금으로 장식되어 있었다. 손님은 값비싼 컵에 담긴 코코아를 즐겼으며 비스킷을 코코아에 담가 먹었다[10].

카카오는 고가의 전래품이었기에 손님에게 제공할 수 있다는 사실이 곧 경제력의 증거였다. 코코아뿐만 아니라 차나 커피의 경우도 마찬가지여서 이를 대접하여 경제력이나 권력을 최대한으로 드러내는 풍토가 생겼다. 그런 장면에서 빠질 수 없는 것 중 하나가 설탕이었다. 외래품인 설탕을 풍성하게 사용한 장식이나 화려하게 쌓아올린 설탕 과자는 권력의 상징이 되었다[11]. 설탕이나 코코아, 항아리나 컵을 용의주도하게 준비하여 권력의 과시를 책임지고 연출하는 것도 궁정 코코아 담당관의 역할이었다.

또한 궁정 코코아 담당관은 의학적인 지식을 갖추어 왕실 병원에서 포르투갈 군 병사에게 카카오를 처방하는 일에도 관여했다. 나중에 브라질 바이아 지방이 카카오 생산지로 성장하면서 포르투갈은 카카오를 충분하게 입수할 수 있는 조건을 갖추었고 자양분이 풍부한 카카오를 다치거나 병에 걸린 병사의 치료에 사용하게 되었다. 포르투갈은 열대, 아열대 지역에 식민지를 많이 거느리고 있었는데 본국과 기후가 다른 탓에 많은 병사가 피부병 증세를 보였다. 식민지의 군사 병원과 포르투갈 해군의 군선은 카카오 매스에서 코코아 버터를 추출하여 피부병 치료약으로 상비했으며, 환부에 도포하는 방식으로 사용했다[12].

궁정 코코아 담당관은 카카오를 통해 두 가지 역할을 수행하며, 귀족 계급, 그리고 식민지에 주둔한 병사 계급과 관계를 맺었다. 이 두 계급에 카카오 효능을 전달하여 제국의 정치력·군사력의 유지에 공헌한 것이다.

코코아와 중상주의 - 루이 14세의 코코아 전략

17세기 프랑스에서도 카카오 소비의 주역은 성직자와 궁정 귀족이었다. 이들 역시 카카오를 주로 「약」으로 이용했다. 1634년 파리의 의사가 출판한 책에 자신이 리옹의 추기경 알퐁스 드 리슐리외에게 코코아를 처방했다는 사실이 적혀 있다[13]. 추기경 리슐리

외는 루이 13세의 재상, 리슐리외의 형이었다. 추기경은 비장의 상태가 나아지지 않아 우울증으로 괴로워했다고 한다.

1643년에 즉위한 루이 14세의 치세 중에 코코아가 프랑스 궁정에 들어왔다. 루이14세는 1660년에 스페인 합스부르크가의 왕녀 마리 테레즈와 결혼했다. 마리 테레즈는 결혼하면서 마드리드 궁정에서 스페인 식 코코아를 만들 줄 아는 시녀를 데리고 왔다. 그 이후로 프랑스에서도 코코아를 즐겨 마시게 되었으며 얼마 안 있어 궁정의 여인들 사이에 코코아를 약용으로 즐기는 유행이 퍼지기 시작했다.

궁정에 두루 퍼진 코코아 복용 습관은 다음과 같은 정치적·경제적 상황 속에서 촉진되었다.

루이 14세 시대에 재무총감 콜베르에 의해 중상주의 정책이 실시되었다. 집권적 관료제를 통해 국가 경제력 강화를 꾀하였고 정상政商의 성장을 지원했다. 코코아의 경우도 비슷해서 마리 테레즈와 결혼하기 1년 전인 1659년 루이 14세는 툴루즈의 다비드 샤이유David Chaillou에게 코코아의 독점 제조·판매를 허가해주었다. 툴루즈는 스페인 국경과 가까운 남 프랑스의 교역 중심도시로 중남미에서 카카오가 입하되는 스페인 바르셀로나 항구와도 가까웠다. 샤이유가 부여받은 것은 29년간의 독점권이었다. 이 기간에 카카오 거래·코코아 제조를 전문으로 하는 상인이 성장했고, 이들의 성장이 국가 재정에 도움이 되었다. 귀족층에 코코아 소비 습관

그림 2-1 쇼콜라티에
(벨기에 브뤼헤, 초콜릿
박물관 소장)

이 널리 퍼진 것은 윤택해진 국가 재정과도 관계가 있던 것이다[14].

중상주의 정책으로 국내 산업을 육성하기 위해 수입품에 높은 관세를 매겼기 때문에 샤이유에게 독점권이 주어진 1680년대 말까지 프랑스 국내의 카카오 가격은 값비싼 상태가 유지되었다. 그로 인해 17세기 후반에도 프랑스에서 코코아를 향유하는 일은 귀족을 중심으로 이어졌다.

귀족 여성들은 코코아를 마실 때 쓰는 주전자나 잔에 공을 들였다. 전용 주전자를 「쇼콜라티에Chocolatière」라고 했으며, 이는 코코아에 거품을 일으킬 수 있도록 세로로 긴 막대기(몰리니요molinillo)가 달린 특수한 형태의 주전자였다(그림2-1). 처음에는 은으로 만들었으나 곧 꽃무늬가 그려진 도기·자기가 유행하게 되었다[15].

받침 접시도 발달했다. 찻잔이 미끄러져 드레스에 코코아가 엎

**그림 2-2 만세리나라고 불리는 코코아
용 받침접시와 컵**
(벨기에 브뤼헤, 초콜릿 박물관 소장)

그림 2-3 쇼콜라티에로 따라주는 코코아
(벨기에 브뤼헤, 초콜릿 박물관 소장)

질러지는 일을 막기 위해 중앙에 만세리나mancerina라고 부르는 쇠테가 있는 접시가 고안되었다고 한다(그림 2-2).

화려한 분위기 속에서 값비싼 그릇을 감상하며 아름다움을 누리는 것은 사치스런 즐거움이다. 홍차를 대접하는 티 파티에서 다기·스푼 등 차 모임에 사용되는 여러 도구가 권력·경제력을 과시하는 기능을 했고 그릇은 권력 과시의 중요한 조역이었다. 일본의 다도회에서 유서 깊은 찻잔으로 말차를 마시고 다기, 족자 등을 감상하는 것과 비슷하다.

특별한 물건을 다른 사람에게 보여주고 만족감을 느끼는 소비 스타일을 과시적 소비라고 부르는데, 프랑스에서는 17세기 후반에 화려하고 과시적인 소비 문화가 발달한다. 코코아를 단순한 「약품」이나 「식품」으로 이용하는 데 그치지 않고 그 이상의 요소를 즐기는 특유의 코코아 문화가 꽃피었다고 할 수 있는 것이다(그림 2-3).

시민을 대상으로 한 선구적인 코코아 행보
– 프랑스령 바스크 지방

17세기 후반의 프랑스에서 코코아를 맛볼 수 있었던 것은 귀족층에 한정되어 있었으나 예외적인 지역이 있었다. 바로 바욘을 중심으로 한 스페인과 국경을 맞대고 있는 프랑스령 바스크 지방이다. 이곳에서 카카오 가공기술을 담당한 것은 포르투갈에서 망명한 유대인들이었다[16].

원래 이베리아 반도의 가톨릭 제국은 유대인에게 너그러워 유대인들이 경제적·사회적으로 활약할 수 있었다. 그러나 16~17세기가 되고 가톨릭의 이단 심문이 엄격해지자 바스크 지방으로 도망친 유대인의 수가 늘어났고 17세기 바욘의 유대인 인구가 증가했다.

독자적인 교역 네트워크를 가지고 있던 유대인은 스페인의 카디스 항구에 내려진 카카오 콩을 입수할 수 있었고 1687년에 바욘 시내에서 코코아를 제조·판매하게 되었다. 때는 마침 루이 14세가 샤이유에게 주었던 독점권이 끝나는 시기였다.

1680년대에 독점권이 끝나면서 시민들에게 코코아의 맛이 퍼지기 시작했다. 바욘은 그 선두에 있었다. 스페인 바스크에 접한 프랑스 일대는 프랑스에서 처음으로 시민을 대상으로 코코아가 공급되기 시작한 지역이라고 할 수 있다.

이 시기는 마침 프랑스의 카리브 해 식민지에서 본국으로 카카오 콩이 유입되기 시작하던 시기와 겹친다. 프랑스가 식민지 마르티니크 섬에 카카오를 심은 것이 1660년경이었고 1679년에 마르티니크에서 생산한 카카오가 본국으로 들어오게 되었다[17]. 콜베르의 중상주의는 해외식민지의 특산품을 육성하도록 장려했는데 1680년대에 카카오나 가공식품에서 그 효과가 나타나기 시작한 것이다.

코코아 직인 길드

1693년, 프랑스 전역에서 카카오 거래와 코코아 판매가 자유로워졌다. 1694년에는 해외에서 수입된 카카오의 관세가 할인되었다. 카카오의 가격이 저렴해져 시민에게 본격적으로 코코아가 보급되는 시대가 열린 것이다.

이보다 앞선 1676년 프랑스에서 카페 경영자의 길드가 결성되

그림 2-4 18세기의 코코아 제조공장
디드로, 달랑베르, 『백과전서』, 1751~1772
(출처: Sophie D. Coe & M. D. Coe, 1996, p. 223)

었다. 파리의 카페가 무대인 1682년작 연극에서는 가게 내부의 설정으로 「비스킷, 마카롱, 커피, 아이스 코코아」가 묘사되어 있다. 아이스 코코아란 셔벗 상태로 만든 코코아를 말한다. 이 시기의 코코아는 아직 디저트로 애용되었다기보다 「약」으로 쓰였다.

1705년에 카페 길드에서는 판매 가능한 품목이 늘었다. 빵, 과자와 함께 카카오나 바닐라를 이용한 과자가 등장하였다. 코코아는 파리의 카페에서 큰 인기를 누렸으며 1710년에는 「음료의 여왕」, 「신들의 음료」라고 불릴 정도로 잘 팔리는 상품이 되었다[18].

수요 확대와 동시에 가톨릭 제국에서는 카카오 가공을 전문으로 하는 직인 길드가 결성되었다(그림 2-4). 프랑스의 바욘에서는 1761년에 카카오 가공업자 길드가 만들어졌다. 스페인 마드리드에서는 1773년에 길드가 결성되었는데, 150명 전후의 직인이 소속되어 있었다고 한다. 그들은 돌 메타테를 이용하여 카카오를 가는 일을 생업으로 삼았다. 카카오 유입량이 증가하자 직인 세계에도 새로운 직종이 생겼으며 18세기에는 새로운 길드가 탄생하였다.

남유럽의 가톨릭 제국에서는 이 새로운 직종이 오랫동안 존속했다. 20세기에 들어와서도 스페인의 바르셀로나에서는 다음과 같은 광경을 발견할 수 있었다.

「카탈루냐 지방의 초콜릿 직인이 일하는 모습을 보았다. 바르셀로나에는 지금도 돌절구에 초콜릿을 가는 공장이나 작업장이 네다섯 곳 남아있다. 직인은 어른이 똑바로 서지 못할 정도로 좁은 2층 공간에서 작은 쿠션 위에 무릎을 꿇고 사람들 눈 앞에서 일을 하고 있었다. 이것은 구매자에게 자신이 사려는 초콜릿이 정말로 메타테를 이용하여 합당한 순서에 따라, 즉 혼합물을 첨가하기 어려운 방식으로 만들어진다는 점을 보여주기 위한 것이었다[19]」(그림 2-5).

그림 2-5 메타테를 사용하는 직인
(출처: Sophie D. Coe & M. D. Coe, 1996, p.238)

유럽 길드에는 떠돌이 직인도 다수 포함되어 있었는데, 카카오 가공 직인 중에도 이처럼 지방을 떠돌며 집집마다 방문해 카카오 콩을 가는 일을 생업으로 하는 사람이 있었다. 지중해의 시칠리아 섬은 1504년 이후 스페인 통치하에 놓여 스페인 문화의 영향을 강하게 받은 지역으로 떠돌이 직인을 「추클라타루(Ciucculattaru, 시칠리아 방언)」라고 불렀다. 19세기 시칠리아 남부 모디카 지방에서 메타테를 마차에 올리고 집집마다 돌면서 카카오 콩을 갈아주는 직인의 모습이 발견되었다. 모디카 지방에서는 지금도 그 전통이 계속되어 카카오를 가공한 뒤 카카오 매스에서 유지를 뽑아내지도, 가열하지도 않는 제조법을 사용하는 제과업자가 있다[20].

3. 프로테스탄트와 코코아 로드

코코아 제조 공장의 기반

네덜란드나 영국 같은 북서유럽의 나라들은 남유럽의 가톨릭 제국과는 다른 코코아 로드를 개척하였다. 네덜란드는 1609년에 사실상 독립을 달성하고 프로테스탄트 국가가 되었다. 영국도 1559

년 영국 국교회 체제를 확립하고 가톨릭 교회와 단절했다. 두 나라는 17세기에 본격적으로 해외무역에 뛰어들었고 동시에 산업화를 진행했다. 북서유럽에 상륙한 카카오는 남유럽의 가톨릭 제국과는 다른 경제적·사회적 환경 속에서 근대적인 가공기술을 거쳤고 식품으로서의 가치도 높아졌다.

선두에 나선 것은 네덜란드였다. 네덜란드의 카카오 입수 거점은 카리브 해의 퀴라소 섬이었다. 「네덜란드 사람은 베네수엘라의 주요 카카오 농원과 이어지는 모든 길을 꿰고 있다.」고 할 정도로 베네수엘라의 카카오 수출에 깊이 관여했다[21].

17세기에 카라카스(베네수엘라)에서 출하된 카카오 수출량은 멕시코 행이 1위, 스페인 행이 2위였지만, 18세기에 들어서자 상황이 바뀌어 스페인으로 향하는 카카오 양이 급증하면서 역전되었다. 베네수엘라에서 네덜란드, 영국, 프랑스로 직접 수출하는 카카오 양도 증가했다[22].

퀴라소 섬에서 암스테르담으로 출하된 카카오 양은 1701년에는 5천 파운드 정도였으나 1755년에는 48만 5천 파운드까지 증가했다. 네덜란드 상인 가운데 북미 네덜란드령 뉴암스테르담(1664년부터 영국령 뉴욕)에 거점을 두고 대서양의 카카오 무역에 관여한 사람도 있었다. 퀴라소 섬에서 카카오나 다른 생산품을 실은 교역선은 북미 뉴암스테르담에 잠시 들렀다가 대서양을 횡단하여 본국의 암스테르담에 입항했다[23].

네덜란드는 중계무역에 능하여 영국을 앞서나갔다. 해외무역 거점을 확보하여 아시아 무역도 독점하고 있었기에 암스테르담에는 동양, 중남미의 생산품이 모였다. 영국은 17세기 후반에 네덜란드에 대항하여 중상주의 노선을 강화했다.

판 하우턴의 연구

18~19세기에 네덜란드 본국에 입하된 카카오 양은 더욱 증가했다. 네덜란드에서 시민을 대상으로 코코아를 제공하는 커피하우스나 카페가 늘었다. 시민들이 코코아의 맛에 눈을 뜨면서 코코아 수요가 증가했고 암스테르담에는 코코아를 판매하는 업자가 나타나게 되었다. 그 가운데 한 사람이 카스파뤼스 판 하우턴(Casparus von Houten, 국내에서는 반 호텐으로도 알려져 있다.)이다. 판 하우턴은 1815년에 허가를 받고 암스테르담 운하 주위의 작은 공장에서 코코아를 제조하여 팔기 시작했다. 카카오 콩을 돌절구로 으깬 다음 고형으로 굳혀 팔았다.

풍차가 발달한 네덜란드에서는 대형 돌절구를 사용해 곡물이나 콩을 분쇄하는 일이 일상적이었는데, 판 하우턴이 사용한 돌절구는 사람의 힘으로 돌리는 것이었기에 노동자를 여러 명 고용하여 콩을 갈았다. 콩을 갈고 나면 카카오 매스가 완성된다. 하지만 당시에는 아직 카카오 매스에서 유지를 분리시킨다는 생각을 하지 못했기에 코코아 덩어리를 뜨거운 물에 녹이면 카카오 매스에서 유지가 나와 물 위에 둥둥 떴고, 유지 때문에 마시기 어려웠다. 이 유지를 제거하기 위해 코코아를 부글부글 끓여서 표면에 뜬 기름을 걷어내는 일도 있었다고 한다. 유지를 안정시키기 위해 제조업자는 카카오 매스에 설탕, 바닐라, 시나몬, 녹말 등을 섞었고 가끔은 점도를 위해 계란을 섞는 경우도 있었다. 당시의 코코아는 아직 맛이 씁쓸하고 산뜻하지 못한 음료수였다.

코코아가 보급되어 판매량이 늘자 더 쉽게 마실 수 있는 연구가 필요해졌다. 유지의 취급이 문제였다. 카카오 매스에서 유지를 줄이는 방법을 생각해낸 것이 카스파뤼스의 아들 쿤라트 판 하우턴 Coenraad van Houten이다. 17~19세기 당시 코코아는 약품으로 판매되었고 다른 약제와 조합되는 경우도 일반적이었다. 따라서 카카오 가공·코코아 판매에 관련된 사람과 약학·화학적 지식을 지닌 사람 사이에는 깊은 관계가 있었는데 쿤라트는 화학이나 기계 기술 지식도 습득하고 있었다.

쿤라트는 두 가지 중요한 개량을 착안해냈다. 하나는 카카오 매스에서 여분의 지방분을 빼내는 「탈지」 방법, 또 다른 하나는 폴리페놀 때문에 생기는 신맛·쓴맛이 여전히 강하게 남아있던 카카오 매스를 중화하여 맛이 부드럽고 입에 잘 맞는 좋은 음식으로 바꾸는 「알칼리 처리」 방법이다. 이 두 가지 아이디어로 인해 근대 코코아가 태어났다.

쿤라트는 지방분이 50% 정도인 카카오 매스를 압축기에 넣어 코코아 버터를 짜내는 방법으로 지방분을 25%까지 줄이는 데 성공했다(그림2-6). 이 과정을 통해 생긴 유지량이 적고 단단해진 카카오 매스 덩어리를 분쇄하면 이전보다 가는 입자 형태의 코코아 파우더

그림 2-6 초기 카카오 매스·압착기
카카오 매스에서 유지를 짜낸다
(출처: Grivetti & Shapiro, 2009, p. 614)

가 생긴다. 판 하우턴은 1828년에 이 발명의 특허를 내고 10년간의 특허기간을 확보했다.

이런 방식으로 생긴 카카오 매스는 신맛과 쓴맛이 강하고 화학적으로 산성이 섞여 있다. 거기서 아이디어를 얻어 고안된 것이 「알칼리 처리」이다. 산성 카카오 매스에 알칼리염(탄산칼륨이나 탄산나트륨)을 더한다. 화학변화에 의해 코코아 파우더의 친수성이 좋아져 물에 잘 섞이게 되었으며 신맛도 줄었다. 물에 잘 녹으니 거친 느낌이 적어졌고 맛도 순해져 풍미 좋은 코코아가 탄생하였다(그림7).

이 두 가지 개량으로 인해 코코아는 현저하게 마시기 쉬운 음료가 되었다. 코코아의 판매가 순조로웠던 판 하우턴 사는 1850년에

그림 2-7 암스테르담 교외 베이스프의 판 하우턴 사 코코아 공장
(네덜란드 베이스프 구시청사 박물관, 타일화, 저자 촬영)

암스테르담 시내에서 3킬로미터 정도 떨어진 베이스프Weesp로 공장을 이전했다(그림2-7). 동력원으로 증기기관을 사용하여 인력을 쓰지 않았고 운하 부근의 넓은 부지에 공장을 세웠다. 근대적 설비를 갖춘 공장이 본격적으로 가동되었다[24](그림2-8).

근대 코코아의 탄생

암스테르담 시내에는 주택이 밀집해 있었고 운하 부근의 좁은

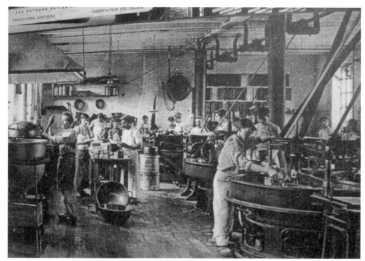

그림 2-8 코코아 제조 공장
(벨기에 브뤼헤, 초콜릿 박물관 소장)

부지에서는 생산력이 높은 공장을 가동하기가 어려웠다. 그러나 교외라면 충분한 부지 면적을 확보하여 증기기관을 갖춘 공장에서 생상량을 늘릴 수 있었다. 당시 베이스프에는 도기 제조, 담배 제조, 면공업 공장이 있었고, 도기는 유럽 각국에 수출할 정도로 고장 특유의 사업이었다. 19세기 중반 암스테르담 교외의 베이스프에 본격적인 근대 공업의 집적지가 형성되었으며 판 하우턴 사의 코코아 공장도 거기에 가담했다.

생산체제를 정비하자 판매망을 확대하여 매상을 높이는 일이 목표가 되었다. 1876년, 사장이 된 쿤라트의 사위는 광고라는 새로운 아이디어를 떠올린다.

시대는 새로운 기술을 요구했다. 각국에서 박람회를 열었는데, 박람회는 새로운 기술력을 어필하는 기회가 되었다. 판 하우턴 사는 1889년의 파리 만국박람회, 1893년의 시카고 만국박람회에 기계설비와 제품을 출품했다(그림 8). 판 하우턴 사의 광고를 붙인 노면전차를 달리게 하였고, 19세기 말에는 광고 필름도 만들었다. 지금도 잘 알려진 VH의 로고마크의 상표등록도 판 하우턴 사가 처음 시작했다. 판 하우턴 사는 20세기의 모델이 된 적극적인 선전 활동을 실시했다.

베이스프 공장에는 노동자가 점점 늘었고 19세기 후반이 되자 베이스프의 인구는 2배로 증가했다. 판 하우턴 사는 공장 주변에 노동자를 위한 주택지를 정비하여 환경이 좋은 교외에 공장과 주택이 서로 가까이 있는 전원 도시형 노동자 거주지의 선례를 만들었다[25].

북서유럽은 가톨릭의 지배를 이른 시기에 벗어나 산업화, 자본주의화의 기반을 갖추었고, 코코아 제조 같은 식품 공업이 성장했다. 그 중 판 하우턴 사는 19세기에 공장의 근대화, 기계 설비의 개선, 판매망 개척, 노동환경의 정비 등 모든 부분에서 앞장서 대처해 나간 것이다.

제3장
초콜릿의 탄생

1. 영국 시민혁명과 코코아의 보급

청교도 시대와 코코아

영국에서 코코아를 마시게 된 것은 청교도 시대이다. 1642년 영국에서 청교도 혁명이 일어났다. 올리버 크롬웰이 청교도 중심의 철기대를 인솔하여 1649년에 국왕을 처형시키고 정치의 실권을 잡았다. 크롬웰은 젠트리 계급 출신이었다. 젠트리 계급은 이전에 정치권력을 잡고 있던 대지주 귀족과 달리 영국 지방사회에서 중소 지주로서 착실하게 농업 경영하면서 대두된 계급이다. 지방 행정직과 명예직을 수행하던 명망가로 지역 사회의 주축이 되었다. 이런 젠트리 계급이 영국 정치를 움직이는 시대가 도래했다.

젠트리를 대표하는 크롬웰이 정권을 장악한 후 추진한 정책 중 하나가 영국의 중상주의화다. 해외무역으로 우위에 있던 네덜란드에 대항하기 위해 항해법을 제정했다. 영국 본국 및 영국 식민지와 원산지 사이에서 생산품을 운반할 때의 수송수단을 영국의 배나 원산지의 배로 한정했다. 네덜란드를 중계무역에서 배제하고 영국의 교역, 해상지배력을 강화하기 위한 법안이었으며 해외무역에 종사하는 영국 상인을 우대하도록 했다.

또한 해외식민지에서는 본국에서 생산되지 않는 농산물의 플랜테이션 개발을 지원했다. 백인 플랜테이션을 경영하면서 생산·출하된 생산물은 영국 상인의 배에 실어 본국으로 운반하여 이익을 창출했다.

17세기 후반의 젠트리 계급의 대두는 국내지주에 의한 농업 생산력의 향상, 국내 농산물 보호, 해외시장 개척, 무역상인의 성장, 식민지의 백인 플랜테이션 지원, 본국에 수입되는 플랜테이션 작물에 특혜 부여, 해외 플랜테이션의 이익 확대 등의 일련의 사회적 현상으로 연결된 것이다.

카카오의 경우에도 중상주의를 추진하면서 해외 식민지에서 본국으로 수입되는 경로가 열렸다. 1655년에 영국은 스페인에게서 자메이카를 빼앗았는데, 이때 자메이카는 이미 스페인 인에 의해 카카오 플랜테이션이 경영되고 있었고 일정한 생산량이 있었다. 1650년대 후반에 자메이카에서 영국으로 카카오가 수입되기 시작한 것이다[1].

1657년 신문에 실린 광고를 통해 당시 런던에 코코아를 파는 상점이 있었다는 사실을 알 수 있다. 1659년 한 가게 광고에는 런던 비숍게이트 거리와 퀸스헤드 골목이 교차하는 모퉁이에 프랑스인이 경영하는 가게가 있어서 「서인도에서 건너온 훌륭한 음료」 코코아를 판매하며, 코코아에 약품으로서 효능이 있다는 것과, 가게 안에서도 마실 수 있으며 재료를 사갈 수도 있다고 적혀 있었다.

왕정복고기의 코코아

1658년 호국경 크롬웰이 사망했다. 크롬웰 시대에는 청교도 윤리가 강요되었고 빡빡한 청교도 윤리에 국민들은 지쳐있었다. 프랑스에 망명해 있던 선왕의 아들이 1660년에 국왕으로 추대되어 찰스 2세로 즉위했다. 찰스 2세는 해외무역의 라이벌인 네덜란드에 대항하기 위해 포르투갈 왕실에서 왕비를 맞았다.

왕비 캐서린이 포르투갈에서 지참해온 물건 중에는 한 덩어리의 차와 배 일곱 척 분량의 설탕이 있었다. 캐서린은 우아한 다기나 동양의 자기도 가지고 와 차를 즐겨 마셨다. 상류 계급의 여성들이 왕실을 흉내 내면서 차를 즐기게 되었고 티파티 문화가 스며들었다.

포르투갈 리스본에는 신세계의 여러 문물들이 유입되었는데 중남미의 카카오 역시 들어와 있었다. 포르투갈 궁정에는 코코아 담당관이라는 직책이 있어 왕실 일가의 코코아를 준비했으므로 캐서린 역시 포르투갈에서 코코아를 마신 경험이 있었을 것이다. 이에 찰스 2세도 약용으로 코코아를 마시게 되었다. 궁정의사가 1662년에 출간한 의학서에서 코코아에 열대 향신료를 첨가하여 하루 2회 마실 것을 권하고 있었으며 찰스 2세에게도 코코아를 처방하며 카라카스 산의 카카오를 권장했다[2].

왕정복고기는 크롬웰 시대에 대한 반작용으로 청교도적인 엄격

한 규범이 느슨해지고 부유한 젠트리 계급과 시민 계급 사이에 사치를 향유하는 분위기가 싹텄다. 새로 전해진 문물이 부유층의 생활에 들어오면서 새로 들어온 차와 커피, 코코아를 즐기는 사회적 습관이 형성되었다. 해군사관 새뮤얼 피프스는 상세한 일기를 남긴 것으로 유명한데, 1664년 5월 3일의 일기에 아침식사로 코코아를 마셨다고 기록하고 있다. 궁정 의사가 권한 것처럼 하루 두 번 코코아를 마시려면 아침 식사 때 한 잔 마셔두는 것이 적당했을 것이다.

커피하우스와 정치

청교도적 규범이 느슨해지자 사람들의 행동의 폭이 넓어졌다. 이런 분위기 속에서 융성하게 된 것이 커피하우스였다. 1650년 옥스퍼드에서 문을 연 커피하우스가 영국의 첫 커피하우스라고 알려져 있는데 1652년에 런던에도 커피하우스가 생기고 도시 전역에서 커피하우스가 크게 유행하여 18세기 전반에 런던에 있었던 커피하우스의 수가 수천 개에 달했다[3].

이곳에서는 커피, 차, 코코아, 담배 등의 신문물이 제공되고 있었다. 이 시기는 커피, 홍차, 코코아가 영국 사회에 유입된 시기는 거의 비슷하다(그림 3-1). 코코아를 파는 가게의 광고가 나왔던 1657

년 런던의 커피하우스 「갤러웨이」에서도 차를 판매했다. 이것은 차의 판매가 확인되는 최초의 사례라고 알려져 있다. 영국 시내의 커피하우스는 세계 각지의 식민지를 거점으로 교역을 확대해간 영국의 경제력을 알 수 있는 장소였다고 할 수 있다.

커피하우스는 일반적으로 건물 2층에 위치해 있었고 커다란 테이블이 여러 개 놓여 있었다(그림 3-2). 신문을 읽을 수 있으며, 서로 안면이 있는 손님들은 함께 대화를 즐겼다. 서로 비슷한 유형의 손님이 쉽게 모이는 분위기가 있었기 때문에 사회적 관심이 유사한 단골 손님이 정보를 교환하고 사회적인 교류를 맺는 연결고리의 역할을 커피하우스가 하게 되었다.

예를 들어 보험으로 유명한 로이즈 사는 「로이즈」라는 이름의 커피하우스가 출발점이다. 17세기 후반 커피하우스 「로이즈」의 경영자였던 에드워드 로이드는 선박의 입항

그림 3-1 신세계에서 온 세 가지 새로운 음료
터키인(커피), 중국인(차), 아즈텍인(코코아)
(뒤푸, 1685, 커피와 차, 초콜릿에 관한 논문)
(출처: Sophie D. Coe & M. D. Coe, 1996, p. 167)

그림 3-2 1700년경 런던의 커피하우스
(출처: Sophie D. Coe & M. D. Coe, 1996, p. 171)

시기나 선적 하물의 입하시기를 기재한 목록을 만들어 단골들에게 배포했다. 선주나 사업 관계자, 해상보험 판매업자가 이 커피하우스에 모이게 되었고 이후 기업으로 발전했다.

영국의 커피하우스가 수행한 중요한 기능 중 하나는 정치결사가 탄생하는 배양기 역할을 했다는 점이다. 즉위한 찰스 2세가 전제적인 입장을 강화하면서 가톨릭에 복귀하려는 경향을 보였기 때문에 젠트리 계급과 시민 계급이 그에 맞서면서 1660~70년대에는 정치적 긴박감이 이어졌다. 거리의 커피하우스에 정치적 동지가 모이고 활발한 정치 논의가 오갔다. 가톨릭의 정치적인 부활을 꾀하는 국왕에 대항하여 의회는 국교회 신자를 우대하고 시민의 자유를 보장하는 법률(심사율, 인신보호율)을 성립시켰다.

1680년을 전후로 왕의 동생인 제임스의 계승을 둘러싸고 찬성파가 토리당, 반대파가 휘그당을 결성했다. 토리당이 집회의 본거로 삼은 곳이 「코코아 나무」라는 이름의 커피하우스였다. 휘그당은 「세인트 제임스 커피하우스」를 이용했다. 1688년 토리당과 휘그당이 결속하여 명예혁명을 성공시키고 왕권에 대항하는 의회주권을 확립했다. 이후 시민의 권리를 신장시키기 위해 젠트리와 시민 계급이 네트워크를 형성하는데 도움이 된 사회 기반 중의 하나 역시 커피하우스였다. 토리당의 「코코아 나무」가 상징하는 것처럼 커피하우스는 젠트리 계급과 시민 계급이 정치적, 경제적으로 계속 등장했다는 사실을 상징한다고 볼 수 있다. 거기에서 제공되던 코코아 등 새로운 음료는 약품으로서 개인의 건강 증진에 공헌했으며, 동시에 사회에 새로운 물결을 일으킨 사건들과도 연관이 있다.

2. 중상주의의 영국과 무역체제

차·카카오와 이익집단

 정치적으로 계속 등장한 젠트리와 시민 계급의 경제적 기반의 하나가 해외무역이었다. 17~18세기 영국이 추구한 중상주의를 대표하는 교역품은 차와 설탕이다. 차, 커피, 코코아 가운데 18세기 영국 사회에 가장 침투한 것은 차로 영국에 처음 유입된 시기의 차는 네덜란드가 자바 섬의 바타비아(지금의 자카르타)에서 매입한 것이다. 1669년 영국은 네덜란드에서 차를 대량 구매하는 것을 금지했다. 그 대신 차를 구입할 경로를 동남아시아에서 탐색하는 한편, 중국 아모이나 마카오에 설치한 영국 상관商館을 거점으로 중국에서 직접 대량 구매할 수 있는 방법을 개척했다.

 18세기에 들어서자 차 수입량이 늘기 시작했다. 차 무역을 독점한 것은 영국 동인도회사. 차는 고가였지만 1723년에 차의 관세가 20% 할인되었고 1745년에는 관세가 도매가격의 25%로 제한되었다. 18세기에는 관세가 점점 내려가서 1700~1750년의 사이 영국의 연간평균 차 수입량이 4배 이상 올랐다. 1960년에는 영국 동인도회사의 총 수입액의 약 40%를 차지할 정도가 되었다.

 이처럼 수요 증가와 관세 인하의 상승효과로 영국 국내의 차 소매가격은 18세기 초의 절반 정도까지 내려갔다. 아직은 값비싼 느낌이 있었지만 노동자 계급도 손에 넣을 수 있는 정도의 가격이 된 것이다. 차의 경우에는 중국이라는 주요 산지를 확보하고 영국 동인도회사가 주요 취급업자로서 교역을 장악하면서 18세기에 안정된 공급 시스템이 형성되었다.

이와는 대조적으로 카카오는 17~18세기에도 영국 본국에 카카오를 발송하는 해외 주요산지나 카카오에 특화된 이익집단이 형성되지 않았다. 영국령 카리브 제도 가운데 카카오의 생산과 수출을 맡았던 주요 산지는 자메이카 섬, 트리니다드 섬, 세인트루시아 섬, 그레나다 섬 등이다. 이들 섬에서는 사탕수수 플랜테이션이 개발되었거나 다른 나라 사이에 영유를 둘러싸고 분쟁이 반복되어 안정적으로 플랜테이션을 경영하기 어려웠다.

17~18세기에는 허리케인 같은 기후 문제나 병충해의 피해로 카카오 생산이 안정되지 않는 시기가 계속되었다. 트리니다드 섬의 카카오 플랜테이션은 허리케인으로 전멸하여 다시 세우거나 사탕수수 플랜테이션으로 전환해야만 했다. 카카오보다 사탕수수가 재배나 생산이 안정적이었기 때문에 피해가 덜했을 것이다. 다른 곳에서도 커피 재배로 변경하거나 커피와 카카오의 혼합 플랜테이션이 경영되기도 했다[4]. 그 때문에 17~18세기에 영국 식민지에서 수입된 카카오 양은 많지 않았다. 노동력이 항상 부족했기 때문에 생산지에 흑인 노예가 계속 투입되었다. 재배, 생산 방법의

그림 3-3 영국령 카리브 제도의 19세기 카카오 생산량

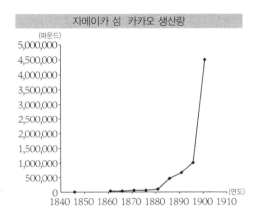

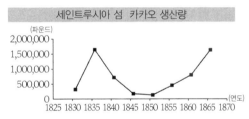

(출처: Momsen & Richardson, 2009, p. 483 - p. 485)

안정성, 이익률을 고려하여 이식 작물과 흑인 노동력의 투입 지역을 가렸다.

타국의 식민지에서 영국으로 유입되는 카카오에는 높은 관세가 부과되었기 때문에 카카오는 값이 비쌌는데, 영국에 입하되는 카카오 수입환경이 변한 것은 19세기에 들어온 이후였다. 1832년에 카카오의 관세가 경감되었고 영국령 카리브 제도에 걸친 카카오 재배도 안정되었다. 19세기 후반에는 생산량도 늘어 본국으로 카카오를 공급하는 주요 산지로 성장했다(그림3-3). 19세기 이전과는 산지를 둘러싼 상황이나 생산·교역과 관계된 이익집단의 상황이 달라진 것이다.

설탕과 이익집단

영국의 중상주의는 보호무역의 강화로 이어졌다. 영국에서 강력한 이익집단이 형성된 것은 설탕이다. 18~19세기 영국 하원의회에는 「서인도제도파」라고 불리는 의원그룹이 있었다. 이 그룹에 40명 정도의 의원이 포함되었던 적도 있다[5]. 「서인도제도파」는 카리브 해 식민지에서 설탕 플랜테이션을 경영하는 농장주들이 지지기반이었으며 보호무역을 강력하게 주장하는 집단이었다.

영국의 설탕 주요생산지는 카리브 해의 영국령 식민지로 17세기 전반에 바베이도스 섬, 자메이카 섬에서 사탕수수 재배가 시작되었다. 카리브 지역에서는 사탕수수가 자생하지 않았지만 식민지가 되면서 백인 이주민이 경영하는 사탕수수 플랜테이션이 하나 둘 개발되었다. 영국령 카리브 제도에서 사탕수수 재배가 본격화된 것은 17세기 중반, 설탕 수출량이 급격히 증가한 것은 18세기 후반의 일이다. 본국은 식민지에서 설탕을 수입할 때 많은 보호법을 적용했다. 설탕의 제조와 교역은 백인 이주민들에게 막대한 부를 안겨주었다.

사탕수수는 열대 플랜테이션에서 수확한 후 짜낸 액체를 졸여 갈색 조당 상태로 출하했다. 정제하여 백색 설탕으로 만드는 작업은 유럽에서 진행되었다. 대서양 삼각무역의 모항인 리버풀이나 브리스틀에는 설탕 정제 공장이나 설탕 이주민의 호화로운 본국 저택이 즐비하게 세워졌다. 막대한 이익은 이주민 집단이 독점했으며 리버풀이나 브리스틀 항만의 도시가 번성했다. 1760년 당시 영국에서 인구 5만 명이 넘는 곳은 런던 이외에 항만도시인 브리스틀과 공업도시인 맨체스터밖에 없었다[6].

식민지의 설탕 이주민들은 본국 영국과 밀접한 관계를 유지했다. 풍부한 경제력을 배경으로 본국에 저택을 갖추고 자제의 교육을 본국에서 시켰다. 그들은 얼마 안 있어 영국 본국으로 본거지를 옮기고 식민지의 부재지주(不在地主, 해당 토지에 거주하거나 직접 이용하지 않고 타인에게 임대하는 지주) 농장 경영자가 되었다. 본국에서는 젠트리 계급의 일부로서 의회 하원에 대표자를 보냈다.

영국에서는 젠트리 계급이 의회주권을 확립하면서 정치·경제의
실권을 쥐게 되었다. 「서인도제도파」는 부재지주 농장 경영자의
이익을 옹호하였고 설탕 교역과 관련된 보호정책도 계속되었다.
보호입법에 의해 관세나 수입품의 가격을 조정하고 국내산업·해
외식민지의 산업을 보호·육성하는 무역 방식을 보호 무역이라고
한다.

보호무역체제에서 자유무역체제로

카카오에 부과된 관세가 경감된 19세기 초는 영국의 무역체제
가 크게 전환된 시기였다. 중상주의에서 태어난 보호무역이 자유
무역으로 변화했다. 자유무역으로의 전환은 영국에서 코코아 제
조업자가 성장하는 사회적 배경으로 매우 중요하다. 따라서 19세
기 초의 보호무역과 자유무역을 둘러싼 정치적 갈등을 살펴보자.

자유무역 체제로의 전환을 추진한 것은 19세기에 대두한 영국
북구 공업지역의 신흥 산업 자본가들이다. 영국 중상정책의 핵심
두 가지는 항해법과 곡물법이었다. 항해법은 크롬웰 시대에 제정
되어 영국의 해외무역에서 외국의 선박을 내쫓고 영국의 무역 상
인을 성장시켰다. 이는 생산물을 판매하는 해외시장 확보와 연결

되어 젠트리 계급의 이익을 만들었다.

곡물법은 곡물의 가격이나 수입량을 제어하는 법률로 수입곡물에 높은 관세를 매겨 수입량을 억제하고 국내산 곡물 가격을 유지하는 법률이다. 국내 농업을 보호하고 이익은 지주 젠트리 계급이 흡수할 수 있었다.

하지만 국제적으로 비교하면 영국의 곡물가격은 고가로 노동자 계급의 임금 수준에 비해 비쌌다. 곡물가격뿐만이 아니라 노동자 계급이 좋아하게 된 설탕이나 차도 보호무역에 의해 고가로 유지되고 있었다.

식료품의 높은 가격을 만들어낸 체제를 비판하기 시작한 것이 맨체스터를 중심으로 한 영국 북부 산업자본가들이었다. 식료품의 높은 가격은 노동자 계급의 가계를 압박한다. 산업자본가의 입장에서 보면 노동자의 임금을 억눌러서 이익을 높이고 싶기 마련인데 식료품이 전반적으로 가격이 비싸면 임금을 내리기가 어렵다. 여기에 곡물법이나 각종 수입관세가 임금이나 생산비의 경감을 어렵게 만드는 원인의 하나라는 것이 산업자본가들의 주장이었다.

「보호무역이냐, 자유무역이냐」라는 문제는 「어디서(국내 혹은 해외식민지)」, 「무엇」을 생산하며 노동자로 「누구」를 이용할 것인가라는 문제와 연결되어 있다. 보호무역을 주장하는 「서인도제도파」는 해외 식민지에서 단일 재배로 농작물을 생산했고 노동력으로 흑인 노예를 혹사시켰다. 힘든 노동으로 소모되어 단명하는 흑인 노동자를 노예무역으로 보충하여 쓰고 버리는 노동력으로 이용했다.

자유무역을 주장하는 산업 자본가는 국내에서 공업제품을 생산하므로 국내 농촌에서 도시로 이동해온 노동자를 노동력으로 활용한다. 따라서 식료품의 가격을 높이고 임금에 영향을 주는 보호무역체제는 타도해야 할 대상이 되었다.

자유무역체제의 확립

산업자본가의 목표는 곡물법 폐지와 보호무역을 옹호하는 「서인도제도파」의 타도이다. 「서인도제도파」를 공격하기 위해 구체적으로 비판한 부분이 노예무역이다. 노예제 폐지를 주장하는 영국 국교회의 복음주의자 의원 그룹(클래펌파)과 연계하여 의회개혁의 물결을 일으켰다. 노예제 폐지를 호소하며 여론을 환기하는 끈질긴 활동을 계속한 끝에 대영제국 본국에서 1807년에 노예무역이 폐지되었다. 식민지를 포함한 대영제국령 전체에서 노예제가 폐지된 것은 1833년의 일이다.

다음 타도 목표는 곡물법이었다. 1839년 맨체스터의 상공업자를 중심으로 반곡물법 동맹이 결성되었다. 운동의 지도자는 방적 공장 경영자인 리처드 코브던과 존 브라이트 등 생산업 자본가들이었다. 브라이트는 퀘이커 신자로 코코아 제조업자 연맹과 깊은 관련이 있는 인물이다.

1840년대에 반곡물법 운동이 심해졌고 1846년에는 곡물법 폐지, 1849년에는 항해법 폐지에 이르렀다. 그에 이어 1853년, 1860년에 자유당의 재무장관 글래드스턴이 대규모 관세개혁을 실시했다. 여기에 자유무역체제가 확립되면서 영국은 공업을 추진하는 방향으로 노선을 바꾸었다.

자유무역이 실시되던 1832년, 카카오의 관세도 내려갔다. 그 직전인 1831년 영국 전역에 걸친 카카오의 연간 소비량은 일 인당 0.01파운드(약 4그램)였으나 관세가 내려가고 20년 후인 1852년에는 0.121파운드(약 55그램), 1872년에는 0.244파운드(약 111그램)가 되었다. 1880년부터 8년 동안 카카오 소비량은 75% 증가하여 1891년에는 0.571파운드(약 259그램)에 달했다[7]. 이와 병행하여 카리브 제도의 카카오 생산량이 상승해서 수요의 증가에 맞출 수 있었다. 19세기 후반 카카오는 수요와 공급 양 측면에서 모두 양이 증가했고 카카오 가공도 본격적으로 실시되었다.

3. 카카오 가공기술의 개량

고형 초콜릿의 탄생

1730년 한 영국인이 다음과 같은 기록을 남겼다.

> 「음료 코코아를 만들 시간이 없을 때 코코아 덩어리를 1온스 베
> 어 문 다음, 액체를 마신다. 위 안에서 서로 뒤섞이게 하는 것이다
> [8].」

이것은 코코아 덩어리의 「베어 물기」를 진술한 것으로 현대와
비슷한 초콜릿을 먹은 것은 아니다. 고형으로 먹는 초콜릿이 만들
어진 것은 1847년 브리스틀의 한 마을에서였다. 브리스틀은 대서
양 삼각무역으로 번성하였고 해외와의 교역으로 물자의 유통이
활발했다.

카카오 가공에는 많은 수고가 들어간다. 카카오 콩을 분쇄하고
카카오 매스로 만드는 과정이 제일 처음 만나는 난관이다. 중미에
서는 메타테를 사용했고 유럽에서는 전문 직인 길드가 탄생할 정
도였다. 카카오 수입 항구 중 하나였던 브리스틀에는 코코아 제조
업자가 있었다. 카카오 취급량이 증가하자 카카오 매스를 만드는

효율을 높일 필요가 생겼다. 브리스틀의 코코아 제조업자 중 하나였던 월터 처치먼은 1728년에 카카오 콩을 분쇄하는 돌절구에 수력 터빈을 달았고 1729년에 조지 2세에게 기계사용 허가증을 받았다[9].

1761년에 처치먼이 죽고 수력 터빈과 사용허가증, 제조법 등 사업 전체를 구입한 것이 브리스틀의 프라이 가다. 프라이 가는 브리스틀에서 약국을 경영했는데, 1750년대에 약용으로 코코아 제조를 시작했다. 그들은 처치먼이 보유한 기술이나 권리를 계승하여 코코아 사업을 발전시키려 했다.

1769년에 와트가 증기기관을 발명하자 영국 산업에서 동력원으로 증기가 수력을 대신하게 되었다. 프라이 가의 공장에서도 1795년에 카카오 분쇄기에 증기기관을 달았다. 대형 기계에 의한 분쇄가 가능해지자 코코아 제조량이 증가했다. 이처럼 18세기 후반, 영국의 코코아 제조업에서 소규모 기계공업이 나타나기 시작했다.

19세기 초에 프라이의 약국(뒤에 프라이 사)을 경영한 것은 조지프 프라이였다. 그는 약학 박사학위를 받을 만큼 약학에 대한 지식이 있었다. 조지프 프라이는 이 지식을 활용하여 카카오 매스에 코코아 버터를 더해, 카카오 매스의 성분을 바꾸는 방법을 고안해냈다. 카카오 매스를 압축기에 넣고 지방분을 짜내 코코아 버터를 추출하는 기술은 1828년에 네덜란드의 판 하우턴이 고안해냈는데, 이는 카카오 매스에서 어떻게 지방분을 빼내는지에 대해 관심

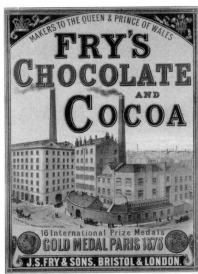

그림 3-4 브리스틀에 위치한
프라이 사 공장

을 기울였던 것이다.

조지프 프라이의 아이디어는 반대로 기름을 빼지 않은 카카오 매스에 코코아 버터를 더 첨가하는 것이었다. 코코아 버터의 양을 늘릴수록 더 많은 설탕을 녹일 수 있게 되어 쓴맛이 줄어들었다. 이를 잘 섞어서 응고시키면 매끈한 식감에 달콤하고 풍미가 좋은 고형물이 되었다.

차게 식히면 성형, 조형도 용이했다. 이렇게 해서 1847년에 약학에 대한 전문적인 지식을 지닌 인물이 코코아를 개량하여 온수나 냉수에 녹여서 마시는 것이 아니라 고체 그대로 먹는 「초콜릿」을 만든 것이다(그림3-4).

코코아 파우더의 개량

1847년에 고형 초콜릿이 등장했지만 일반 소비자에게 유통되기에는 더 많은 개량이 필요했다. 따라서 19세기 영국사회에 널리 보급된 것은 여전히 코코아였고 19세기는 코코아 파우더 개량의 시대였다. 초콜릿도 코코아 파우더를 개량하는 과정에서 부산물로 탄생했을 뿐이다.

1861년경 영국에는 30명 정도의 코코아 제조업자가 있었는데, 이후 영국을 대표하는 코코아·초콜릿 제조사로 성장한 것이 프라이 가, 캐드버리 가, 라운트리 가이다. 이 세 집안은 모두 퀘이커 신자로 비국교도에 해당한다. 퀘이커의 세 가문이 생산 자본가로 성장한 사회적 배경에 대해서는 다음 장에서 설명하고 여기서는 19세기에 판매되던 코코아 파우더를 소개하고자 한다.

존 캐드버리는 1824년에 영국 중부 도시 버밍엄에서 코코아, 커피, 홍차를 파는 식료품점을 열었다. 이 시기는 네덜란드에서 판 하우턴이 「유지 제거 방법」을 발명하기 전으로 카카오 매스에 지방분이 많아 뜨거운 물에 녹이면 지방분이 떠올랐다. 지방의 분리를 최대한 피하기 위해 코코아 제조업자는 코코아 파우더에 매개 분말을 섞어서 팔았다. 가게마다 어떤 분말을 섞을지 고심하였고, 조합 방식은 각 제조사들의 독자성을 어필하는 세일즈 포인트가 되었다.

그림 3-5 일을 배우던 시절의 조지 캐드버리(앞줄 맨 오른쪽)
(요크대학교, 보스웍 역사연구협회 소장)

캐드버리의 가게에서는 카카오 매스 20%, 매개분말 80%의 비율로 코코아 파우더를 조합했다. 매개분말의 분량이 많았기 때문에 오늘날 우리가 마시는 코코아와는 맛이 조금 달랐을 것이다. 매개분말로 감자 전분가루, 사고야자의 전분가루, 밀가루, 당밀 등을 사용했다. 1842년에는 코코아 파우더를 11종류, 코코아 음료를 16종류 판매했다.

캐드버리 가게의 인기상품이 된 것은 밀크코코아였다. 코코아 파우더에 분말 우유를 섞은 것으로, 17세기 후반에 영국인 의사이자 식물학자인 한스 슬론이 자메이카를 여행하면서 현지인들이 코코아에 우유를 넣어 마시는 것을 보고 작성한 처방전에서 힌트를 얻은 것이다. 밀크코코아의 판매는 1849년에 시작되었다[10].

존의 아들 조지 캐드버리는 1866년에 네덜란드로 건너갔다(그림3-

5). 「네덜란드어를 완벽하게 하지 못했지만 좋은 코코아를 만들고 싶다는 일념으로 네덜란드에 갔다」고 후에 토로했다[11]. 조지 캐드버리는 판 하우턴 사에서 코코아 압착기를 사 왔다. 카카오 매스에서 지방분을 제거할 수 있게 되자 더 이상 매개분말을 섞을 필요가 없어졌고 그는 설탕 이외의 첨가물이 들어가지 않은 것에 「코코아 에센스」라고 이름 붙여 1866년에 출시하였다. 코코아 에센스는 질이 좋아 곧 시장에서 두각을 나타냈다.

캐드버리와 함께 양질의 코코아 파우더로 알려진 것이 라운트리다. 영국 북부 도시 요크에서 식료품점부터 시작해 코코아·초콜릿 제조사로 성장했다. 원래 라운트리의 독자적인 상품은 「치커리 코코아」였다. 치커리는 북유럽이 원산지인 식물로 몸의 순환을 촉진시키는 약용효과가 있는데 건조시킨 치커리 뿌리를 불에 구워 갈아서 으깬 다음 코코아 파우더에 섞었다. 민간의학요법의 한 종류인 호메오파시(동종요법)에 덧붙여 「호메오패틱 코코아」라는 이름의 약으로 팔았다.

19세기 후반에 라운트리의 가게에서도 매개분말을 섞지 않은, 설탕과 코코아 파우더만으로 구성된 제품을 출시했다. 매개 분말이 들어가지 않은 카카오 매스는 단단하게 굳는데 그 단단함이 양질의 증거였다. 이 단단한 코코아는 록 코코아라고 불렸으며 인기가 아주 좋았다. 이 제품이 개량을 거쳐 1880년에는 혼합물이 들어가지 않은 순수 100%임을 나타내는 단어인 「엘렉트elect」를 붙여

「엘렉트 코코아」로 발표되었다.

이처럼 영국에서는 19세기 후반에 코코아 파우더의 개량이 진행되었다. 설탕 가격이 내려가서 노동자 계급에서도 코코아에 설탕을 넣어 마실 수 있게 되었고, 품질이 개량되어 카카오의 향이 풍부해졌으며, 약용효과까지 있는 코코아는 「맛도 있고 몸에도 좋은」 음료로 보급되게 되었다.

이에 더해, 19세기 후반 영국에서는 관세 인하로 설탕 가격이 떨어지자 설탕 소비량이 급증했다. 설탕 가격은 1840~50년에는 30%, 1850~70년에는 25% 하락했다. 19세기 초에 전국에서 한 해 동안 소비된 설탕의 양은 3억 파운드(중량)정도였으나 가격이 하락하면서 1852년에는 10억 파운드에 달했다. 한 명당 연간소비량은 1832~54년 사이에 5파운드 늘어나 50파운드(약 23킬로그램) 정도가 되었다. 19세기말에는 거의 배로 늘어서 90파운드 정도에 이르렀다. 설탕 소비량의 이런 급속한 확대는 다른 유럽제국에서는 발견되지 않은 영국 사회만의 특징이다. 영국인은 19세기 후반에 급속하게 「달콤한 것을 좋아하는」 국민이 되어갔다.

특히 설탕 섭취량이 늘어난 것은 노동자 계급이었다. 영국의 산업이 근대화되면서 공장노동자가 늘었다. 노동자 계급은 칼로리 섭취량의 5분의 1을 설탕에서 얻었다고 할 정도로 설탕 및 가공식품은 19세기 후반의 영국 노동자들의 생활에서 빠질 수 없는 요소였다[12].

106

홍차 등 음료에 넣어 직접 섭취하는 것 외에도 설탕을 이용한 가공식품이 빠르게 등장하였다. 그 대표적인 예가 잼이다. 곡물 가격이 내려가자 밀가루도 적정한 가격에 입수할 수 있게 되고 빵에 잼을 발라 먹는 습관이 노동자들 사이에 널리 퍼졌다. 잼, 푸딩, 비스킷, 구운 과자, 캔디 등 홍차와 함께 달콤한 식품을 먹는 일이 늘었다.

설탕 소비 확대와 동시에 가공식품을 공급하는 식품제조업도 성장했다. 19세기 후반 코코아의 침투, 코코아 제조사의 성장은 영국 노동자 계급을 둘러싼 식생활 변화와 궤를 같이한다.

밀크 초콜릿의 등장

19세기 후반에 카카오를 둘러싼 가공기술은 더욱 향상되었고 밀크 초콜릿이 등장하게 된다. 밀크 초콜릿 가공의 무대는 목축이 번성한 스위스다.

스위스에서는 1919년에 프랑수아 루이 카이예가 코코아 제조공장을 시작했다. 카이예는 북이탈리아에서 카카오 가공을 습득하고 스위스에 돌아가 제네바에 가까운 레망 호반의 베베이 근교에서 코코아 제조공장을 세웠다. 석제 롤러에 수력 터빈을 설치하는 등 기계 개량에도 애썼다. 스위스에서는 19세기에 카카오를 둘러싼 기술 개량이 진행되고 카이예 사는 이후 스위스를 대표하는 메이커로 성장하게 된다.

19세기에는 카카오 콩의 공급이 증가했다. 그 중 절반은 포라스테로 종이었다. 고형 초콜릿에는 카카오 콩의 특징이 직접적으로 반영되었다. 포라스테로로 만든 초콜릿은 쓴 맛이 너무 강했다.

그 단점을 우유를 사용하여 장점으로 바꾼 것이 스위스인 앙리 네슬레와 다니엘 페터다. 네슬레와 페터는 함께 베베이에 거주하는 친구 사이였다. 페터는 프랑스 리옹의 코코아 제조공장에서 일한 적이 있었고, 카카오를 다루는 일을 조금 경험했었다. 스위스에 돌아와서는 가업인 양초 제조를 물려받았으나 그와 동시에 초콜릿 제조방법도 시험했다.

앙리 네슬레는 약제사로 약국을 경영하면서 여러 가지 화학 실험을 했다. 그 중 성공한 실험이 우유에 밀가루, 곡물, 설탕을 첨가하여 만든 유아용 분유의 개발이다. 네슬레는 분유를 초콜릿 재료에 더해보라고 페터에게 권했다. 카카오 원두는 값싼 원재료가 아니었으므로 첨가물을 더하면 비용을 삭감할 수 있었고 지역에서 생산된 우유를 사용하면 일석이조의 효과가 있었다.

페터는 낮에는 부인, 직원과 세 명이서 열심히 양초를 만들었고 밤이 되면 초콜릿 시제품을 제작했다. 당시 초콜릿은 재료의 입자가 굵어서 입에 넣으면 꺼끌꺼끌한 식감이 남았다. 분유도 마찬가지로 입자가 거칠었기 때문에 초콜릿을 첨가하면 거친 느낌이 강

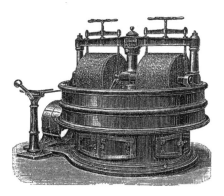

그림 3-6 콘체 기계
(출처: Sophie D. Coe & M. D. Coe, 1996, p. 250)

해져 적합하지 않았다. 하지만 네슬레의 라이벌이 개발한 연유를
사용하면 비교적 식감이 매끈해졌다. 포라스테로 종의 강한 맛과
감칠맛이 우유 때문에 더 좋아져 풍미가 좋은 밀크 초콜릿이 완성
되었다. 이것이 1876년의 일이다[13]. 이에 네슬레도 연유를 사용하
게 되었다. 이렇게 레만 호반이 스위스 밀크 초콜릿의 발상지가
되었고, 네슬레 사는 20세기에 국제적인 식품 종합 메이커로 성장
했다.

초콜릿은 먹었을 때 거친 감각이 느껴지는 음식이었기 때문에
사람들은 코코아 마시기를 더 좋아했고 초콜릿의 판매는 초기에
는 다소 저조했다. 재료의 거친 입자를 어떻게든 개선할 필요가
있었다.

1879년, 초콜릿으로 코코아를 제조하던 루돌프 린트가 「콘체」

기계 개량에 성공한다. 「콘체」란 재료를 혼합하는 과정을 말한다. 그는 기계를 사용하여 카카오 매스, 코코아 버터, 설탕, 우유 등의 재료를 3일간 혼합했는데 매우 가는 입자로 완성되어 서로 잘 어울리게되었다. 거칠거칠한 느낌이 해소되고 매끈한 식감의 초콜릿이 완성된 것이다. 식감만이 아니라 초콜릿 특유의 향이 늘어 후각적인 면에서도 식욕을 자극하는 초콜릿이 완성되었다. 이것이 현재 우리가 먹고 있는 것과 거의 비슷한 형태의 초콜릿이다.

린트도 약제사 가정에서 태어나 약품이나 화학실험이 익숙한 환경에서 자랐다. 약국은 형이 이어받았고 린트는 과자를 만드는 직인의 도제로 들어갔다. 수행을 마친 후 화재로 불탄 공장을 두 개 매입하여 초콜릿 시제품을 만들기 시작했다. 실패한 초콜릿은 약제사인 형에게 가지고 가서 실패한 원인이 무엇인지 과학적인 분석을 요청했다. 「콘체」 기계에 쓰는 부품의 모양부터 콘체에 필요한 시간까지 과학적인 분석을 계속했다[14]. 이 과정에서 「콘체」, 「템퍼링(온도 조정에 의한 코코아 버터 결정의 안정화)」의 가공 프로세스가 양질의 초콜릿을 만들기 위해 필요하다는 사실을 밝혀내고 적절한 기계와 제조방법을 모색했다(그림3-6).

이렇게 19세기 후반에 스위스에서도 기술개발이 진행되어 특산품인 우유를 사용한 밀크 초콜릿이 제조되게 되었다. 때마침 아프리카의 가나산 포라스테로 종의 생산이 늘어난 시기와 맞물려 아프리카산 카카오 원두를 유효하게 활용할 수 있는 길이 열렸고 스위스의 초콜릿 제조사는 국제적으로 코코아·초콜릿 업계에서 한 자리를 차지하는 존재가 되었다.

초콜릿+α를 위한 연구

벨기에에서 코코아 취급업자가 늘기 시작한 것은 영국과 마찬가지로 1800년대 중반이었다. 브뤼셀, 앤트워프 등의 대도시나 지방도시의 약국에서 코코아를 팔았다. 이웃 나라 네덜란드에서는 1800년대 중반에 판 하우턴 사가 암스테르담 교외에 새 공장을 세우고 자본주의적인 공장생산체제로 나아가는 길을 밟기 시작했으나, 가톨릭 영향권인 벨기에서는 사정이 달랐다. 예를 들어 현재 벨기에의 초콜릿 회사로 유명한 노이하우스가 창업한 시기는 1857년, 코트도르가 상표를 등록한 것이 1883년이다. 영국 캐드버리나 라운트리의 창업 시기와 크게 다르지 않다. 하지만 캐드버리나 라운트리가 19세기 말에 자본주의적 공장생산체제로 전환한 것에 반해, 벨기에의 코코아 제조업은 가내수공업, 가족경영으로 꾸려졌으며 상권은 거주지역의 범위를 넘지 않았다. 그냥 자영업자로 베이커리를 운영하면서 빵과 병행하여 초콜릿 등의 과자류를 지역주민들을 대상으로 팔았다. 지금은 유명한 메이커인 위타메르도 원래 1910년에 브뤼셀에서 창업한 베이커리로 빵과 아이스크림을 팔았다.

이런 가게들이 20세기가 되자 비로소 초콜릿 판매를 고려하기 시작했다. 노이하우스는 1912년에 프랄린 제조를 시작했다. 프랄린은 안에 크림이나 잼을 넣은 한입 크기의 초콜릿으로 봉봉쇼콜라라고 부르기도 한다. 벨기에의 프랄린은 몰드를 사용해 만드는 것이 특징인데, 이 방식은 지금도 마찬가지이다. 몰드는 초콜릿 외형을 만들 때 사용하는 금속틀로 몰드제조업은 벨기에 지역 특산업이었다.

몰드에 초콜릿을 부어넣고 굳힌 다음 속(필링)을 넣는다. 틀을 사용하기 때문에 초콜릿이 확실하게 굳으면 두께가 있는 초콜릿에 외형이 생긴다. 그래서 생크림을 충분히 사용한 부드러운 크림이나 잼을 안에 넣어도 초콜릿이 무너지지 않는다[15]. 프랑스의 프랄린은 이와 달리 속에 넣는 필링을 완성한 후 초콜릿을 겉에 씌우기 때문에 얇고 섬세한 초콜릿 코팅 프랄린이 완성된다.

벨기에 프랄린은 두께감이 있는 초콜릿과 안의 부드러운 크림이 녹으면서 어우러진다. 초콜릿이 두꺼워 포만감이 크고 크림과의 달콤한 조화가 만족감을 준다. 벨기에 초콜릿이 많은 찬사를 받는 이유 중에 하나다.

1. 코코아와 퀘이커교

코코아 네트워크

19세기에 열심히 기술을 개량하여 양질의 코코아를 팔고 이름을 널리 알려 영국의 대표적인 코코아 메이커로 성장한 것이 프라이 가, 캐드버리 가, 라운트리 가이다. 이 세 가문은 모두 퀘이커 신자로 친밀한 사이였다. 같은 신앙을 가진 동료가 동업자로서 서로 협력하여 함께 초콜릿 제조업에서 산업자본가로 성장한 것이다. 영국의 코코아·초콜릿 산업은 퀘이커 신자 실업가에 의해 발전했다고 해도 과언이 아니다. 프라이는 고형 초콜릿을 고안하여 초콜릿 역사에 빛나는 족적을 남겼다. 캐드버리의 간판 상품은 「코코아 에센스」, 라운트리의 간판 상품은 「엘렉트 코코아」였다.

프라이는 브리스틀, 캐드버리는 버밍엄, 라운트리는 요크에서 코코아 사업을 성공시켰다. 세 가문 모두 19세기에 코코아 제조에 착수하였고, 가내수공업으로 시작해 공장생산체제로 탈바꿈한 뒤 19세기 안에 유한회사(2인 이상의 사원이 출자액에 한해 책임지는 회사)가 되었다. 그리고 세 회사는 20세기에 대량생산체제를 실현시켜 국제적인 메이커로 성장했다.

왜 퀘이커가 코코아·초콜릿 제조 분야에서 두각을 나타내게 되었을까. 이 장에서는 19세기에 영국의 코코아 로드가 개척된 과정을 퀘이커교를 통해 살펴보고자 한다.

영국의 퀘이커 신자

퀘이커교는 영국에서 시작된 프로테스탄트의 한 종파이다[1]. 창시자는 조지 폭스로 1650년을 전후하여 「내면의 빛(성령)」의 가르침을 설파하는 포교활동을 시작했다. 이때는 청교도 혁명이 성공하여 1653년에 크롬웰이 호국령에 오른 시기이기도 하다. 초기 퀘이커교(이후 퀘이커로 약칭)의 활동지역은 영국 북부로 크롬웰의 의회군 병사들도 다수 믿으면서 1660년대 들어 신자가 3만 명에 이른 것으로 추정된다[2].

퀘이커 신앙의 핵심은 만인이 영적으로 평등하다는 성령주의이다. 기존 교회의 기도형식이나 전례방법을 비판했으며 「내면의 빛(성령)」을 따르라고 주장했다. 「내면의 빛(성령)」은 각 신자의 마음속에 있으며 그것이 밖으로 표출되는 것을 기다리면 된다. 「사제를 고용할 필요」가 없으며 신자들이 주최하는 예배 모임에 참가하여 조용히 성령의 도래를 기다린다. 신자들은 서로 친구라고 부르고 대화와 영적인 교제를 중시했다. 순회 목회자가 각지의 집회를 방문하면서 신자 집단을 유지했고 교구교회에 내는 십일조와 모자

벗기, 무릎 꿇기, 고개 숙이기, 무력의 사용 등을 거부했다.

크롬웰 시대가 저물고 왕정복고시기에는 퀘이커 신자처럼 국교회에 속하지 않은 사람은 「비국교도」라고 탄압받았다. 공직, 학교, 자치도시 등에서 추방되었고 1661년에는 약 4200명의 퀘이커 신자가 체포되었다.

박해에 저항하며 신자를 존속시키기 위해 퀘이커는 내부 결속을 다졌다. 지역마다 중층적으로 운영회의를 결성하고(월례모임, 계절모임, 부인집회) 다른 지역의 친구 조직과 활발하게 교류했으며 서로 지지해주었다.

1689년의 명예혁명 이후 신교 관용법에 의해 영국에서 신교의 자유가 인정받게 되었다. 허나 박해는 줄었지만, 비국교도를 대상으로 한 차별은 계속되었다. 19세기 초반에도 공직에 취임하거나 공적인 고등 교육의 기회가 제한되었고 관료, 변호사, 의사가 되는 길은 차단되었다. 비국교도라는 이유로 퀘이커 신자는 사회적으로 소외된 집단이었으며 젠트리와 다른 계층에 속했다. 신자 수는 19세기 초반에 약 2만 명, 19세기 중반에 1만 4천 명 정도가 되었다[3].

퀘이커의 특징은 대부분 도시에 거주했다는 점이다. 이것은 퀘이커가 교구교회에 내는 십일조를 거부한 것과 연관이 있다. 십일조를 거부하면 농민의 경우 가축, 장사꾼은 재고가 몰수되었다. 상업을 하는 경우가 손실이 적었기 때문에 퀘이커는 도시로 이동하여 상업, 수공업을 생업으로 삼았다. 특히 런던, 브리스틀, 영국 북부의 공업도시 등 산업화가 진행된 도시에 집중되었다[4].

쿼이커는 신앙을 중심으로 일상생활을 꾸리고 절약을 으뜸으로 치는 금욕적인 특성을 지닌 집단으로 18세기에는 경제적으로 성공을 거두는 사업가가 나타나게 되었다. 그런 특성에 대해 사회학자인 베버도 주목하여 프로테스탄트적인 금욕이 도드라지게 발견되는 신자 집단으로 칼뱅파와 함께 쿼이커를 들고 있다. 『프로테스탄티즘의 윤리와 자본주의 정신』에서 「프로테스탄트의 모든 종파 중에서도 〈비세속적인 특징〉이 부유함과 함께 잘 알려진 분파들, 특히 쿼이커 신자와 메노파들에게는 종교적인 생활 규칙과 고도로 발달한 사업 감각이 잘 결합되어있다」라고 말하고 있다[5]. 베버에 따르면 쿼이커는 이성과 양심에 가치를 둔 설교를 가장 잘 발달시킨 집단으로 금욕적인 특징이 직업 노동의 내부로 스며들어 「정직이 가장 좋은 장사 전략」이라고 말할 정도로 내적 달성과 직업적인 달성을 같은 가치로 평가한다고 한다[6].

산업 부르주아지와 쿼이커 사업가층

쿼이커 신자 중 대다수는 도시에서 상공업에 집중하였지만 19세기에는 기업 경영자로 성장한 이들도 있었다. 면공업(브라이트 가, 애쉬워스 가), 제철업(더비 가), 은행업(버클리 가, 거니 가, 비즈 가), 비스킷 제조업

(핸트리 가, 파머 가), 코코아·초콜릿 제조업(라운트리 가, 캐드버리 가, 프라이 가), 화학공업(크로스필드 가), 무역업, 맥주제조업, 철도업 등이다[7]. 퀘이커는 공직에서 배제되었기 때문에 장사로 성과를 노리는 것 외에 선택지가 없었다는 점도 산업자본가로서의 성장을 부추겼다.

이처럼 19세기에는 퀘이커가 신흥 산업 부르주아지 집단의 하나로 사회적인 영향력을 지니게 되었다. 예컨대 19세기 전반의 반곡물법 동맹의 지도자 존 브라이트도 퀘이커였다. 존 브라이트의 아버지는 북부 잉글랜드의 로치데일에서 대규모 방적공장을 경영했다. 브라이트는 정치활동을 활발하게 벌였지만 경건한 퀘이커 신자이기도 했다. 당시 라운트리, 캐드버리, 프라이의 경영자들과도 가깝게 교제했으며 비즈니스와 사회 양쪽에 대처하는 자세는 후진 퀘이커 상공업자에게 강한 영향을 끼쳤다[8].

반곡물법 운동은 젠트리 계급에 대항하여 자유무역을 추진하는 산업 부르주아지가 전개한 운동이다. 그 핵심에 브라이트 같은 퀘이커 신자가 있었으며 퀘이커는 18세기부터 노예무역 폐지를 호소했다. 노예무역으로 이익을 얻은 보호무역 상인이나 농장 경영자를 비판하며 산업화의 진전에 입각한 새로운 시스템을 제창했다.

이렇게 19세기 중반에 퀘이커 기업경영자는 산업 부르주아지로서 두각을 나타내며 보수세력인 지주 젠트리 계급에 대항하는 신흥세력의 일부가 되었다. 중층적으로 구성되던 퀘이커 운영회의는 퀘이커 상공업자들이 자주 얼굴을 마주할 수 있는 기회가 되어 정기적인 정보교환의 기능도 했다. 퀘이커는 신자가 아닌 사람과의 결혼이 금지되어 있었기 때문에 신자들 사이에 긴밀한 인척관계가 맺어졌다. 이런 관계는 친족 간에 자본을 융통하여 비즈니스를 발전시키는 데 공헌했다[5].

퀘이커 상공업자를 둘러싼 이런 환경 속에서 퀘이커의 코코아 비즈니스가 자랐다. 「내면의 빛」을 교의로 삼고 신자 개개인의 내면의 힘을 중시하는 퀘이커는 원래 자연치유력이나 동종요법 치료에 관심이 높았다. 카카오에 대해서도 신경 진정 작용, 혈류나 소화 촉진 등의 약용요법을 중시했기 때문에 퀘이커에게 있어서 코코아는 친근한 존재였다. 약국을 경영하던 프라이가 고형 초콜릿을 탄생시킨 배경에는 동종요법, 그리고 퀘이커의 친밀한 관계가 있었던 것이다.

퀘이커는 중층적으로 구성된 운영회의 시스템을 활용하여 자녀의 직업교육을 효과적으로 진행했다. 각지의 집회에서 도제를 희망하는 소년과 도제가 필요한 점주의 정보가 오갔으며 그 사이의 중개가 이루어졌다. 아이들은 퀘이커 점주가 사는 곳에서 도제로서의 수행과 신자로서의 수련을 쌓을 수 있었다. 도제 기간이 만료된 후에도 기술이나 정보 교환이 원활하게 진행되어 퀘이커 동업자 네트워크의 성장을 촉진시켰다. 예를 들어 요크의 라운트리 가게에 버밍엄의 캐드버리 가의 후계자 조지 캐드버리가 1856년부터 2년 동안 견습 수행으로 와 있던 적이 있다. 조지 캐드버리는 수행을 마치고 자신의 가게로 돌아갔으며 1866년에는 네덜란드로 건너가서 판 하우턴 사에서 코코아 압착기를 구입했다. 이런 과정으로 새로운 기술이 퀘이커 동업자 네트워크에 전해진 것이다.

2. 코코아 제조 공장의 성장

요크의 도시 자영업자층

프라이 사, 캐드버리 사, 라운트리 사. 이 세 회사 가운데 요크를 거점으로 성장한 라운트리 사는 그 유명한 「킷캣」의 오리지널 메이커이다. 「라운트리 사의 킷캣」이라는 이름의 「빨강과 하얀」색의 포장 초콜릿은 영국에서 오랜 기간 사랑 받았다.

이 초콜릿 과자가 탄생했을 당시의 라운트리 사의 사장은 벤자민 시봄 라운트리(1871~1954)라는 인물이었다. 사장으로서 실업계에서 존중을 받았을 뿐 아니라 요크의 빈곤층에 초점을 맞춰 사회조사를 실시하여 『빈곤-도시생활의 연구』라는 도서를 출간했다. 국제적으로도 저명한 노동 복지 연구자로 자사 공장에서 시험한 복지 프로그램이 영국 복지정책의 원류가 되어 20세기 영국이 복지

그림 4-1 요크의 사람들
(요크대학교, 보스윅 역사연구협회 소장)

국가를 형성해가는 과정에 큰 영향을 끼쳤다. 이제 라운트리 사를 중심으로 영국의 코코아·초콜릿 시장의 형성 과정을 살펴보자.

　라운트리 가는 원래 영국 북부해안의 요양지 스카버러에서 식품 판매업을 운영하는 장사꾼이었다[10]. 19세기 초 식료품 가게의 규모는 장남 일가의 생계만을 꾸릴 수 있는 정도였다. 차남인 조지프 라운트리는 영국 북부의 요크로 나가 자신의 길을 개척해갔다. 그는 1822년에 요크 중심부의 번화가에 성공적으로 자신의 식료품점을 열었다. 요크에서 기반을 닦은 그를 이후 「창업자 조지프」라고 적겠다. 그는 자신의 차남에게도 같은 이름을 지어주었다. 이 「2대 조지프」가 코코아 사업을 성공시키고 라운트리를 자영업 상점에서 기업으로 키운 공로자다. 그에 대해서는 자주 언급할 예정이므로 간단히 「조지프」라고 적고자 한다.

1830~40년대의 라운트리 가의 생활은 다음과 같았다. 1층은 점포, 2층은 점주 가족이 생활하는 장소로 막 개업했을 당시 도제 두 명이 함께 살았다. 점주도 도제들과 함께 아침 여섯 시부터 저녁 여덟 시까지 주 6일 근무했다. 시장이 서는 날은 밤 열 시가 되어서야 겨우 일이 끝났다(그림4-1).

밀가루, 설탕, 치즈, 버터를 같은 제조업자한테 매입해도 매번 품질이 달라 제품이 안정되지 않았다. 그래서 식료품 가게는 매번 품질을 확인하고 그에 합당한 가격을 붙였다. 차, 커피는 자가 블렌딩 제품을 팔았다. 고객은 안정된 품질과 적정한 가격을 믿고 같은 식료품점에서 제품을 구입했기 때문에 식품판매업으로 성공하려면 품질을 가릴 줄 아는 확실한 미각과 제품을 안정적인 맛으로 완성시키는 기술이 필요했다.

도제들도 모두 퀘이커 신자였다. 1830년대에 도제가 열두 명으로 불었다. 뉴캐슬의 노포 식료품점에서 가게를 이어받을 후계자가 수행하러 오는 경우도 있었다. 브리스틀 등 영국 남서부에서도 도제가 찾아왔다. 수행을 마치면 아버지의 가게로 돌아가 파트너로서 실무를 맡아 경영에 참가했다. 나중에 라운트리에서 판매한 「엘렉트 코코아」나 캐드버리의 「코코아 에센스」를 퀘이커 동업자들이 적극적으로 매입하여 판매했을 것이다.

「조지프」도 21세에 런던 시티의 거대 식료품점에서 넉 달 동안 견습 생활을 했다. 종업원과 함께 세관·부두·은행을 돌며 부기簿記를 배웠다. 차의 중매인이 가지고 오는 견본을 시음하고 재고품과 비교하면서 맛을 익혔다. 커피 견본이 오면 직접 만들어 시음했다. 자영업주의 아들들은 다른 가게에서 수행하며 지식이나 경험을 풍부하게 쌓고 부친의 비즈니스 파트너로 성장했다.

비즈니스와 신앙의 에토스

점주의 가족부터 도제들까지 가게 자체가 작은 퀘이커교였으므로 퀘이커적인 분위기로 충만한 질서 있는 일상생활을 꾸릴 수 있었다. 1852년에 창업자 조지프는 도제들에게 일상생활의 마음가짐에 대해 다음과 같은 내용의 각서를 적어주었다.

「차 및 식료품 도소매업에 관계된 실천적인 지식을 습득하고 경험을 쌓을 수 있도록 모든 기회를 활용해도 좋다. 부기와 관련된 서류, 물품 수송 관련의 서류를 자유롭게 보아도 괜찮다. 대신 시간을 엄수하여 다른 사람의 시간을 낭비하는 일이 없도록 한다. 평일 퀘이커 집회에 참석하기 위해 업무 시간을 조정해도 좋다. 한 사람씩 개인실을 받을 수 있으며 각 방에는 세면 설비가 갖춰져 있으니 의복, 언행에 주의를 기울이고 퀘이커다운 생활태도가 몸에 배길 바란다[11].」

　자유로운 생활을 중심으로 시간을 낭비하지 않으며 자기 계발을
하는 생활이 장려되었다. 가게 2층에는 장서가 많았으며 저녁 식
사 후 점주가 에세이나 의회 보고서를 낭독하면 가족과 도제들은
귀를 기울였다. 독서, 낭독, 의논의 습관이 일상생활에 깊이 자리
잡았고 도제들은 자기계발의 취미를 갖도록 장려되었다.

　창업자 조지프는 매일 아침식사를 마치고 아이들에게 성경을 한
구절씩 설명해주었다. 요크에는 퀘이커가 설립한 부섬Bootham 스
쿨이 있어 라운트리 가의 남성은 여기에 다녔다. 요크에서는 퀘이
커의 집회가 자주 열렸고 그때마다 라운트리 가에 일고여덟 명이
묵었다. 식사할 때에는 도제들을 포함하여 서른 명이 교대로 식탁
에 앉을 때도 있었다.

　1850년대에 영국이 자유무역체제로 이행하면서 산업 구조와 사
회 구조는 큰 변화를 겪었다. 심한 변동의 시대에 창업자 조지프
의 독실한 생활 방식과 경영자세는 퀘이커인 사람들에게도 그렇
지 않은 사람들에게도 신뢰를 얻었다. 1858년 요크 시 의회는 만
장일치로 창업자 조지프를 요크 시장으로 선출했으나 창업자 조
지프는 이 영예를 겸허하게 거절했고 1859년에 세상을 떠났다.
1850년대까지 라운트리는 식료품 판매업을 운영하는 도시 자영업
일가였다.

코코아 제조 공장의 개시

라운트리 가가 코코아 제조에 착수한 것은 1860년이었다. 라운트리 가와 친한 퀘이커로 요크에서 코코아 제조를 하던 튜크 가에서 코코아 제조를 이을 사람이 없자 라운트리 가가 코코아 제조 비즈니스를 양도받은 것이다. 카카오를 로스팅하는 기계나 튜크 가의 상품 브랜드 등을 이어받았다. 하지만 당시에는 카카오 원두의 품질을 판별하여 코코아를 안정적으로 제조하기가 쉽지 않았다. 1860년대에는 경영과 제조 양면에서 시행착오가 이어졌다. 1869년에 조지프가 코코아 제조부서의 경영책임자가 되면서 매상이 조금씩 늘기 시작했다.

코코아를 제조하는 공장은 시가지에서 가까운 우즈 강 부근의 태너스 모트Tanner's Moat에 있었다. 아직은 공장의 규모가 작았고 종업원도 열두 명 남짓이었다. 1870년대에는 새로운 카카오 기계를 구입하면서 공장에 활기가 생겼다. 일은 아침 여섯 시에 시작하여 저녁 여섯 시까지 이어졌다. 점심시간 한 시간 외에 오전과 오후에도 휴식시간이 있었으며 오후 휴식시간에는 코코아를 마셨다. 공장에서는 하루에 400 킬로그램 정도의 코코아를 제조했다[12].

코코아 제조 작업을 지시하는 것은 직장職長으로, 현장의 모든 것을 책임지고 관리했다. 토요일이 되면 직장은 자신의 모자에 돈

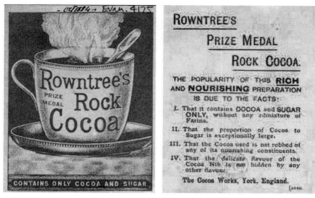

그림 4-2 라운트리 사의 메달 록 코코아 1884년
(영국 도서관 소장)

을 넣고 종업원 사이를 돌았다. 사람들 각자에게 그 주에 몇 시간 일했는지 묻고 그에 해당하는 금액을 건넸다[13]. 노동자가 자신의 노동시간을 기억하는 것만으로 만사형통이었다. 공장의 규모가 작고 경영자도 종업원도 서로 친밀했기에 신뢰관계를 기반으로 코코아 제조 공장이 운영될 수 있었다.

라운트리가 튜크에게서 코코아 제조를 이어받았을 때 「록 코코아」라는 상품이 있었다. 코코아에 섞는 매개 분말의 배율이 적으면 코코아가 굳어버려 「록결정」 상태가 되는데, 이는 품질이 좋다는 증거였다. 라운트리가 이 제품의 품질을 더욱 향상시켜 요크 시의 품평회에서 메달을 획득했다. 「메달 록 코코아」라고 이름 붙인 이 제품이(그림 4-2) 1870년대의 간판상품이었다. 라운트리에서는 당시에는 아직 초콜릿 제조에는 착수하지 않았다. 퀘이커 동료인 브리스틀의 프라이 사로부터 초콜릿을 매입해서 소량판매를 했을 뿐이다.

1870~80년대 라운트리의 주력상품은 코코아로, 코코아 조합 연구에 매진한 시대였다. 아무것도 섞지 않은 순수한 코코아와는 다른 맛을 찾는 손님도 있었으므로 라운트리에서는 건강에 좋은 분말을 코코아 파우더와 섞은 「호메오패틱 코코아」를 판매했다. 이것 역시 인기상품이었다. 이 외에도 펄 코코아, 육각 코코아, 아이슬랜드 모스 코코아, 플레이크 코코아, 전분 코코아 등 다양한 코코아를 팔았다. 1885년에는 네덜란드 직인을 고용하여 판 하우턴의 제조법을 도입했고 개량된 코코아를 1887년에 「엘렉트 코코아」라는 이름으로 출시했는데 이 제품이 인기를 끌었다. 「엘렉트 코코아」의 성공으로 라운트리는 코코아 제조 공장의 기반을 닦을 수 있었다.(그림 4-3).

그림 4-3 라운트리 사의 엘렉트 코코아
(요크대학교, 보스윅 역사연구협회 소장)

주력제품은 코코아였

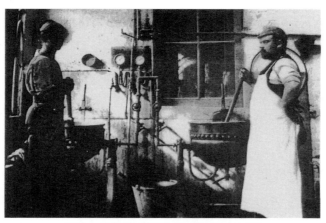

그림 4-4 냄비를 저으며 사탕을 만드는 직인
(요크대학교, 보스윅 역사연구협회 소장)

지만 그와 병행하여 드롭스 류의 사탕 제조 판매에도 손을 댔다. 1879년 드롭스 제조 기술을 지닌 프랑스 과자직인이 라운트리 매장에 찾아왔다. 이 직인을 고용하여 혼합물이 없는 순수 과즙을 사용한 과일 사탕을 출시했고 인기 상품이 되었다(그림 4-4). 1887년에는 일주일의 드롭스의 생산량이 4톤에 이르렀고 종업원은 백 명을 넘어섰다. 사탕은 코코아·초콜릿과 나란히 라운트리의 경영을 뒷받침하는 주력상품이 되었다.

드롭스 캔디의 판매 확대는 19세기 후반에 설탕 가격이 내려가고 설탕을 사용한 가공식품이 보급된 것과 관련이 있다. 신기술을 도입하여 품질 좋은 식품을 만들면서 자연히 수요가 늘은 것이다.

19세기 후반에는 제품의 운송방법도 변화했다. 이전엔 마차가

그림 4-5 엘렉트 코코아를 발송 중인 종업원
(요크대학교, 보스윅 역사연구협회 소장)

주요 운반수단이었으며, 가까운 도시로만 운반했기에 상권은 지역으로 한정되었다. 그러나 1830년대부터 철도망 정비가 진행되면서 제품이 기차로 수송되게 되었다. 철도가 닿는 곳이라면 전국 어디라도 제품을 실어 보낼 수 있었다. 철도 덕분에 원재료와 제품의 수송 비용이 마차와 비교할 수 없을 정도로 내려갔다. 제품의 평판이 높아지면서 먼 곳에서도 주문이 들어왔으며 상상 이상으로 판로를 확대할 수 있는 시대가 왔다(그림 4-5). 수송에서 기술혁신이 일어나면서 근대산업의 기반이 정비되었다. 제조 공장 경영자가 산업 부르주아지로 성장해가는 길이 펼쳐진 것이다. 라운트리도 「엘렉트 코코아」나 「과일 사탕」 등 주요 상품을 만들어 경영 기반을 단단히 굳혔다.

**그림 4-6 캐드버리 사의
코코아 광고**
(엽서, 저자소장)

코코아 광고의 시대

　19세기 후반에는 제품의 광고·선전방법도 새로워졌다. 당시 신문의 발행부수가 늘면서 광고 효과가 높아졌다. 1880년대에는 코코아 제조업에서도 「광고」의 시대가 열렸다. 하지만 누구를 대상으로 제품을 알릴지가 관건이었다. 타깃을 좁혀 제품의 콘셉트를 분명하게 만드는 것이 필요했다. 코코아의 경우 홍차나 커피와의 차이를 알리고 코코아를 즐겨 마시는 소비자를 늘리기 위한 연구도 필요했다. 초기에는 카카오가 본래 열대에서 들어오는 수입품인 점을 활용하여 이국적인 음료임을 강조하는 광고가 나왔다.

　점차 코코아의 주요 타깃은 어린이가 되었으며 아동을 대상으로 한 음료라는 점을 알리기 위해 광고에 아이들이 등장했다(그림 4-6). 이전의 코코아는 귀족이 마시는 고가의 음료였으며 어른이 건강 증진을 위해 마시는 약의 한 종류였지만 19세기 말에는 아이들 대상으로 한 저렴한 음료로 보급되었다.

코코아를 선전하는 방법도 다양해졌다. 종이를 이용한 선전방법(포스터, 카드, 팜플릿 등) 이외에 상품명을 기억하기 쉽도록 사람들의 눈길을 끄는 방법이 시도되었다. 라운트리에서는 1896년에 선전용으로「자동차」를 샀다. 자동차 뒷부분에「엘렉트 코코아」라고 쓴 거대 캔을 싣고 마을

그림 4-7 라운트리 사의
「엘렉트 코코아」광고용 자동차
(요크대학교, 보스윅 역사연구협회 소장)

을 달렸다(그림 4-7). 자동차가 아직 흔하지 않을 때여서 요크에서도 거리에 자동차가 나타나면 마치 비행기가 머리 위에 나타났을 때처럼 큰 소동이 일었다. 사람들이 많이 모여 둘러싸는 바람에 경찰이 인파를 정리하러 찾아올 정도였다.

이 자동차로 요크의 거리뿐 아니라 영국 북부 고장들을 달렸다. 제일 처음으로 선전 투어에 나선 것은 1896년 1월이었다.「자동차」를 담당한 종업원 한 명이 여러 고장을 운전하며 돌았다. 운전 면허제도가 없어서 누가 운전하든 상관없었다. 자동차에 대한 교통법규도 없었기 때문에 경편철도의 법규를 기준으로 운전했

고 따라서 시속 3마일(4.8킬로미터) 이상의 속도는 낼 수 없었다. 첫날은 아침 8시에 요크를 출발하여 북부 달링턴으로 향했다. 그리 멀리 떨어진 곳이 아닌데도 도착하니 저녁 일곱 시였다. 고장을 수리해 가면서 갔기 때문이다. 달링턴에서는 선전용 자동차가 찾아온다는 소문을 듣고 사람들이 시장에 모여 있었다. 차가 도착하는 모습이 보이자 환성이 터져 나왔다. 광고차는 1897년 2월까지 약 4개월 동안 영국 북부를 돌았다. 요크에 돌아와서는 홍보를 겸해 매일 우편국까지 회사 우편물을 싣고 왕복했다[14].

이 외에도 영국에서 인기가 높은 대학교 대항 보트 경기장에 「보트」를 내보낸 적도 있다. 옥스포드 대학과 캠브리지 대학의 보트 레이스가 진행 중인 강 위를 「엘렉트 코코아」의 광고 보트가 오갔다[15].

이런 획기적인 광고 방법이 효과가 있어서 엘렉트 코코아의 상권이 지역을 벗어나 전국 규모로 커졌다. 라운트리의 매출은 1880년대의 「엘렉트 코코아」와 과일 사탕의 발매로 탄력이 붙어 1870년대에는 7천 파운드였던 매출이 1890년대에는 10만 파운드를 넘어섰다. 1890년에는 요크 교외에 토지를 구해 새로운 공장 건설에 착수했다. 1897년에는 유한회사가 되어 자본의 투입과 확대가 원활해지는 경영기반을 닦았다.

19세기 말에 라운트리는 기업으로서 자본제 공장 생산체제로 이행한 것이다. 코코아나 드롭스 사탕을 세련된 맛으로 완성하는 기술은 네덜란드나 프랑스 등 유럽 대륙에서 연마되어 영국으로 이입되었고 19세기 후반에 이 기술을 영국에서 도입했을 때는 이미 전반적으로 근대산업 기반이 계속 정비되던 중이었다. 우수한 제조 기술들이 각각 대규모 산업기반이나 선진화된 산업기술과 연동하여 효과가 향상될 수 있는 환경이 형성되어 있었기에 질 좋은 식품을 내놓을 수 있었고 광고를 통해 지명도를 높인 후 철도망으로 신속하게 배송하여 자본을 축적, 이 자본을 바탕으로 다시 대량생산하는 순환이 영국에서 효율성 좋게 실현되었다.

일본의 코코아와 초콜릿

　20세기에는 일본에도 라운트리 사의 코코아가 판매되기 시작했다(그림 4-7). 라운트리 사와 제휴관계를 맺고 제품을 수입하던 곳은 모리나가 제과였다. 시봄 라운트리는 1921년에 부인과 함께 일본을 방문하여 모리나가의 주선으로 일본 각지를 돌면서 노동문제나 기업경영에 대해 강연회를 열었다.

　유럽과 미국보다 산업화가 뒤처진 일본에서는 코코아도 초콜릿도 거의 같은 시기에 유입되었고 코코아보다 초콜릿이 먼저 일본산 제조에 성공했다. 일본에서 처음으로 초콜릿이 제조·판매된 것은 1878년이다. 도쿄 니혼바시에 있던 요네즈후게츠도米津風月堂가

그림 4-8 마츠야에서 열린 라운트리 사의 엘렉트 코코아 판매시연
(요크대학교, 보스윅 역사연구협회 소장)

12월 24일 『가나요미신문』에 「저고령당貯古齡糖」, 25일 『우편보지신문』에 「저구령당猪口令糖」이라는 명칭으로 광고를 냈다. (저고령당, 저구령당 한자의 일본어 발음이 '초코레이토'이다.) 카카오 콩에서 초콜릿을 제조한 것이 아니라 원료 초콜릿을 수입한 뒤 가공하여 판매한 것으로 추측된다[16].

카카오에서 초콜릿을 제조하는 시스템을 처음 갖춘 것은 모리나가 제과였다. 1918년 도쿄 제1 공장(다마치)에서 원료용 비터 초콜릿과 밀크 초콜릿의 제조가 시작되었다. 제조용 기계는 미국에서 구입한 것으로, 자본력이 있었기 때문에 처음으로 초콜릿의 제조가 가능했다. 제조과정을 알려줄 기술자도 미국에서 초빙했다[17]. 이

듬해인 1919년 모리나가 제과는 카카오 프레스기를 구입하고 일본산 밀크 초콜릿 제조를 시작했다. 이전까진 수입한 라운트리 사의 코코아 등을 판매하고 있었다.

모리나가 제과의 밀크 초콜릿은 1920년에는 한 개당 10전에 팔았다. 당시 여공의 임금은 하루 20전, 찹쌀떡은 한 개 5리 전후였다[18]. 일본산 초콜릿 제조가 실현되었지만 밀크 초콜릿은 값비싼 사치품이었다. 1926년에는 메이지 제과도 독일에서 제조 기계를 구입하여 초콜릿 제조를 시작했다.

3. 코코아 비즈니스와 사회개량

코코아 네트워크와 사회에 가지는 관심

퀘이커 신자에게 「가업에 힘쓰는 것」과 「사회를 위해 헌신하는 것」은 동등한 가치를 가졌다. 사업을 운영하다 보면 다양한 문제와 마주친다. 바람직한 방향으로 해결하려고 애쓰는 것이 사회를 위해 헌신하는 것과 마찬가지였다. 퀘이커 신자의 활동으로 유명한 것은 18세기에 시작된 노예무역 폐지운동이다. 퀘이커 신자들은 19세기에는 자유무역 추진세력의 한 축이 되어 노예제 폐지를 실현시켰다.

당연히 라운트리 가도 가업과 사회 공헌 양 방향에서 노력을 기울였다. 1840년대 아일랜드 기근시절, 창업자 조지프는 아들들을 데리고 시찰을 나갔다. 퀘이커 집회에서는 신앙 외에 사회문제에 대해서도 의견을 교환하였고 자신이 무엇을 할 수 있을지 함께 대화했다. 퀘이커 신자의 집회는 사회에 대한 관심을 기울이고 실천하는 모체가 되었다. 코코아 비즈니스의 경영자들도 이런저런 사회문제에 깊은 연관을 맺었다.

조지프 라운트리는 아버지와 함께 아일랜드 기근의 비참한 상황을 빠짐없이 보고 빈곤 문제에 대해 강한 관심을 품었다. 사업을 하는 한편으로 20대 즈음부터 통계자료를 수집하고 혼자 힘으로 영국의 빈곤에 대한 분석을 진행했다. 빈곤자의 수, 문맹의 비율, 범죄의 발생 건수 등에 대해 독자적으로 통계표를 작성하고 논문을 썼다. 이 논문에서는 영국 구빈법의 역사를 거슬러 올라가 의의를 묻기도 한다. 조지프는 시책을 누구를 대상으로 어떻게 실시해야 유효한지에 대한 고민을 이어갔다. 오랜 시간의 고찰은 나중에 자사 공장에 실시한 복지로 결실을 맺었다. 논문은 퀘이커 집회에서 발표되었고 토론 주제로도 올랐다[19].

고형 초콜릿을 발명한 조지프 프라이도 조지프 라운트리의 논문을 읽고 의견을 밝힌 사람 중 하나였다.

「빈곤」은 19세기 중반의 주된 사회문제 중 하나였다. 자유무역 체제로 이행하며 산업화·도시화가 전개되고 사회가 크게 변동하면서 사회적으로 상승하는 사람들과 몰락하여 빈곤해진 사람들의 격차가 커졌다. 촌락에서 공업화가 진행되면서 도시로 이동하여 공장노동자가 되는 노동자계급 인구가 급증했다. 도시의 열악한 거주환경에서 생활하는 빈곤층을 대상으로 무엇을 할 수 있는지는 퀘이커의 회의에서도 주된 주제였다.

코코아 비즈니스와 사회개량

19세기 중반 노동자계급의 생활개선을 위해 젊은 퀘이커 신자들이 열심히 조직한 것이 성인학교였다. 노동자가 희망을 품고 일하며 질서 있는 생활을 영위할 수 있도록 계속 일하는 사회에 적응할 수 있는 기초적인 힘을 양성해야 한다는 사실에 눈을 떠 각지에서 퀘이커 신자가 성인학교를 열어 교사로 일했다. 조지프 라운트리도 1857년 21세의 나이에 요크의 성인학교에서 강의를 시작했다. 성인학교는 도서관, 농원, 친목회를 갖추고 모든 종파에 문을 열었다. 조지프 라운트리는 사업을 하면서도 40년 동안 꾸준히 일요일 오전에는 성인학교에서 가르치는 일을 계속했다.

퀘이커는 성인학교 교사집회를 정기적으로 열어 빈곤과 교육 문제를 논의했다. 1864년에 브리스틀에서 열린 회의의 주최자가 고형 초콜릿을 발명한 조지프 프라이였다. 브리스틀의 퀘이커는 워크하우스의 운영으로 알려져 있다. 워크하우스는 빈곤한 사람에게 거주공간과 일거리를 제공하는 사회적 시설로 모직물 직공이 일자리를 잃어 빈곤에 빠지기 쉬운 상황을 개선하기 위해 17세기 말에 설립되었다.

판 하우턴 사의 코코아 압착기를 네덜란드에서 구입해온 조지 캐드버리도 성인학교 운동을 열심히 추진한 사람이었다. 당시 빈곤한 가족이 가진 심각한 문제 중 하나는 알코올 중독이었다. 빈곤하고 영양이 부족하기 쉬운 사람들은 손쉽게 알코올로 칼로리를 보충했다. 그러나 알코올 상습 복용은 신체적으로도 사회적으로도 바람직하지 않았기 때문에 코코아 비즈니스를 운영하는 퀘이커 기업경영자들은 노동자 계급의 생활 수준 향상의 일환으로 전폭적인 금주운동을 실시했다. 조지 캐드버리는 열렬한 금주운동가로 빈곤과 질병을 야기하는 술 대신 건강한 음료를 보급할 필요가 있다고 주장했는데, 그 중 하나로 코코아를 내세웠다.

조지의 부친 존 캐드버리는 굴뚝 청소에 아동을 고용하는 것을 금지하는 캠페인을 이끌었다. 굴뚝 청소에는 몸이 작은 아동이 적당했기에 당시 굴뚝 청소는 위험한 높은 굴뚝에 아동을 올려 보내 작업을 시켰다. 운동의 성과가 열매를 맺어 1840년에 21세 이하의 노동자를 굴뚝에 올려 보내는 일을 금지하는 법령이 시행되었다.

당시 노동자들에게는 「오락」도 중요했다. 힘든 노동 사이에 기분전환을 하고, 노동에 필요한 활력을 회복할 필요가 있었다. 그런 노동자들의 오락거리 가운데 동물을 이용한 도박이나 동물 학대가 있었는데, 존은 동물애호협회 설립에도 관여하여 동물 학대 금지 운동을 실시하였고 노동자들이 건전하지 않은 여가활동에서 벗어나도록 했다.

요크의 노동자 계급

퀘이커 경영자들이 성인학교 운동 등에 공을 기울인 밑바탕에는 자립적이고 긍지를 품은 노동자를 양성하고자 하는 바람이 있었다. 그래서 노동자 계급이 어떤 생활을 하는지 실태를 파악할 필요가 있었다.

그런 관심에 따라 탄생한 성과 중 하나가 조지프 라운트리의 아들 벤자민 시봄 라운트리의 빈곤에 대한 연구였다. 시봄은 1899년에 요크 노동자의 생활에 대해 조사하였고(제1차 요크빈곤조사), 1901년에 『빈곤: 도시생활의 연구Poverty: A Study of Town Life』를 출판했다. 이 연구는 지금까지도 사회학, 사회복지, 사회조사 등의 분야에서 국제적으로 높은 평가를 받는 연구이다.

시봄은 맨체스터의 오웬스 컬리지(후에 맨체스터 대학)에 가서 화학 강의를 들었다. 라운트리의 가게에서 취급하던 코코아를 비롯한 식품 제조에 양질의 제품을 내놓으려면 화학지식이 빠질 수 없었기 때문이다. 1889년 18세 때 아버지의 사업을 처음 도우면서 작은 실험을 해보고 껌 제조의 책임자가 되었다. 껌의 개발이나 제조방법의 개량에 손을 대고 노동자 계급의 사람들과 협력하면서 일하기 시작했다.

시봄이 21세가 되자 성인학교에서 강의를 맡았다. 그곳에 오는 사람들을 통해 생활 상태를 더 자세히 알게 되었고 노동자들의 생활에 필요한 지원에 대해 큰 관심을 갖게 되었다. 껌 제조로 함께 일했던 사람들과 복지에 대한 공부 모임을 열었는데, 20~30명이 참가했다. 그런 경험이 있었기 때문에 1897년에 유한회사가 되었을 때 26세였던 시봄은 라운트리 사의 노무담당을 맡을 수 있었다[20]. 껌 제조와 노무담당의 일을 병행하며 1899년에 시작한 것이 요크 시내의 노동자들로 목표를 좁힌 빈곤 조사이다. 요크 시는 19세기에 인구가 4배 이상 증가하여 거주환경이 악화되었다. 로마시대나 중세의 역사적인 건축물이 남아 있는 도시지만 당시는 산업적으로 소규모의 공장이 몇 개 있는 정도의 지방도시였다. 중심시가지에는 슬럼화된 노동자의 밀집지구가 있었고 여기에 사는 인구가 요크 시 전체에서 얼마나 차지하고 있는지 정확하게 파악할 수 없었다.

제1차 요크 빈곤조사는 요크시의 1만 1560세대의 노동자 계급의 생활 상태를 조사한 고된 작업으로 실제로 조사원이 집집마다 방문하면서 세대주의 직업이나 임금 등을 묻고 주거상황을 구체적으로 기록했다. 조사를 마친 1만 1560세대는 요크 시의 전세대의 77.0%(인구로 환산하면 4만 6754명으로 인구 전체의 61.7%)를 차지하므로 전례를 보기 힘든 조사였다.

시봄 라운트리는 노동자의 생활을 A~D의 네 단계로 분류한다[21]. 클래스 A가 최빈곤층으로(주급 18실링미만) 고기를 간혹 섭취하긴 하지만 얇게 저민 고기나 양의 머리를 사는 것이 고작이다. 고기덩이에는 미처 손길이 닿지 않는다. 간신히 빵과 고기의 비계 정도를 먹을 수 있는 생활이었다. 클래스 A에는 편부편모, 미망인, 고령자, 환자, 실업자 등이 포함된다.

클래스 B(주급 18~20실링)는 빈곤과 종이 한 장 차이인 상태로, 미숙련노동자가 세대주인 경우가 많았다. 임금을 받으면 그 주엔 그럭저럭 입에 풀칠을 할 수 있다. 병이 걸리거나 일거리가 없어 돈이 부족한 주는 먹을 것을 줄이고 전당포에 간다. 클래스 B에게는 전당포가 가까운 존재였다. 월요일 아침이 되면 전당포 앞 계단에 앉아 개점을 기다리는 아이들이 긴 행렬을 이루었다. 전당물은 주로 일요일에 교회에 입고 가는 나들이옷이었다. 토요일에 부모가 임금을 받으면 전당포에서 찾아와서 일요일에 입고 월요일에 다시 전당물로 맡겼다. 이 클래스의 가족은 아이들이 어릴 때에는 빈곤하고 아이가 일할 나이가 되면 수입이 늘어 빈곤 상태에서 벗어난다. 그러나 고령기가 되면 부모 세대는 다시 빈곤해진다. 빈곤층 가족에게 빈곤에 빠진 시기와 탈출하는 시기의 순환이 있다는 사실이 이 조사로 밝혀졌다.

클래스 C는 미숙련노동자와 숙련노동자 양쪽이 모두 포함되며 주급은 조금 올랐지만(21~30실링) 생활 상태는 클래스 B와 비슷하다.

클래스 D는 공장 감독처럼 안정된 숙련노동자 세대로 주급이 30실링을 넘는다. 피아노를 가진 가정도 그리 드물지 않고 장서 수가 30권을 넘는 집도 있었다. 석간신문이나 통속소설을 구입해 읽는 습관도 있었고 강연회에 참가하여 실용적인 지식을 습득하는 데도 적극적이었다.

코코아 비즈니스의 원동력

이런 주거나 가계에까지 미친 면밀한 조사에서 시봄은 5인 가족의 경우 한 주에 필요한 최저 경비가 21.8실링이라는 결론을 냈다. 수입이 여기에 미치지 못하는 생활은 「의식주가 부족한」 절대적 빈곤으로 요크 총인구 가운데 9.91%인 7230명이 여기에 해당됐다. 시봄은 이를 「제1차 빈곤」이라고 이름 붙였다. 제1차 빈곤 가정은 기차나 승합자동차에 탈 여유가 없고 도보로 이동할 수 있는 범위로만 외출한다. 신문도 사지 못하고 우표 살 돈이 없어서 다른 지방에 사는 자식에게 편지를 보낼 수도 없었다. 교회에 헌금하는 것도 무리여서 교회에도 발길이 뜸해진다. 사람들과 교제할 돈이 없으므로 이웃과도 소원해진다. 빈곤 때문에 고립 상태에 빠지게 되는 것이다.

이보다 약간 형편이 나은 것이 제2차 빈곤인데, 절대적 빈곤에 빠질 가능성이 크고 제1차 빈곤과도 크게 다르지 않았다. 제2차 빈곤이 되는 요인 중 하나는 음주와 도박이었다. 가계에서 술이 차지하는 비율이 높았고 남성, 여성, 심지어 아이까지 경마 같은 도박에 열중했다. 총 인구의 17.93%인 1만 3072명이 여기에 해당했다.

시봄의 조사에 따르면 제1차 빈곤과 제2차 빈곤을 합치면 실제로 요크 시 인구의 27.84%인 2만 302명이 「빈곤」 상태인 것이 밝혀졌다. 약 3할이 「빈곤」에 빠진 것이다.

시봄의 조사 이전에 찰스 부스가 런던의 빈곤 상황을 조사한 바가 있다. 부스의 저작 『런던 시민의 생활과 노동Life and Labour of the People in London』의 결론도 런던 시의 3할이 빈곤 상태라는 것이었다. 이 책을 읽은 사람들은 장소가 수도 런던이므로 가난한 사람들이 일을 구하는 데 집중하면 빈곤층이 그렇게 늘지 않으리라 추측했다. 그러나 시봄의 조사에 따르면 빈곤은 런던의 특수사정이 아니라 지방도시인 요크에서도 동일하다는 점이 분명했다. 즉, 영국에는 심각한 빈곤이 만연하여 그냥 지나칠 수 없는 문제가 되었다는 사실을 이 두 가지의 조사가 보여준 것이다. 이 두 조사는 영국이 20세기에 모든 복지 제도를 정비하는 데 물꼬를 터주는 단서가 되었다.

산업화가 진행되는 한편으로 약도도 하나 없이 처음부터 조사하는 것은 곤란한 작업이었다. 하지만 시봄은 이 일을 끝까지 완수했고 지방도시의 빈곤상황을 해명했을 뿐만 아니라 가족 구성의 변화에 따른 「빈곤 사이클」이라는 개념도 도출하여 자녀의 유소년기와 부모의 고령기에 빈곤이 심각해진다는 점을 밝혔다. 이것은 복지제도의 노령연금이나 자녀 수당의 제정으로 이어졌다.

시봄은 나중에 라운트리 사의 사장이 되어 영국의 코코아·초콜릿 사업을 견인했다. 시봄에게 코코아 사업은 노동자의 생활 향상을 위해서도 반드시 성공시켜야 할 일이었다. 영국의 코코아 사업의 근저에는 퀘이커와 긴 시간에 걸친 사회개량 조직이 있었고 빈곤에 대한 면밀한 분석이 있었다. 코코아 사업은 빈곤에 빠질 걱정이 없는 생활을 실현시키고 노동자를 자립시키는 사회적 사명도 띠고 있었다.

시봄은 사장의 중책을 다하고 은퇴한 후에도 요크에서 빈곤 조사를 계속했다(제2차 빈곤조사 1936년 착수, 1941년 출판, 제3차 빈곤조사 1950년 착수, 1951년 출판). 빈곤조사와 노동자 계급의 생활 수준 향상은 시봄의 일생의 과업이었다[22].

1. 교외의 신 공장

전원도시 구상

20세기에 들어서 영국의 코코아 제조사들은 본격적으로 초콜릿 생산에 착수했다. 라운트리 사가 초콜릿 상자 세트assorted chocolate 를 출시한 것이 1909년의 일이다. 초콜릿 제조는 식품가공업으로 다수의 대형기계를 사용한다. 대량생산이 가능해지면서 기계를 설치하고 다수의 노동자가 이리저리 움직일 수 있는 넓은 공간이 필요해졌다.

19세기의 가내수공업 시대에는 시가지에 점포를 가지고 있었고 가까이에 세운 작은 공장에서 코코아가 제조되었다. 초콜릿 생산 으로 이행하기 위해 시가지의 좁은 공장에서 이전하여 충분한 공 장 부지를 확보하고 공장 구조를 철저하게 고칠 필요가 있었다.

이때도 퀘이커 경영자들의 대응이 빨랐다. 캐드버리 사는 버밍 엄 시내의 공장을 1879년에 교외의 본빌로 이전했다. 라운트리 사 는 1890년에 요크 시의 교외 헥스비 로드의 토지를 매입하여 공장 을 짓기 시작했다. 공장 내에 간선로를 부설하여 공장에서 그대로 화물차로 제품을 적재할 수 있는 구조를 만들었다.

신공장으로의 이전은 종업원의 증가, 생산력 증진으로 이어졌

표 5-1 라운트리 사 종업원 수(요크 시 내의 사무소)

년도	성별	공장	사무실	소계	합계
1894	남성	363	31	394	
	여성	466	1	467	
	합계	829	32		861
1899	남성	641	125	766	
	여성	750	8	758	
	합계	1,391	133		1,524
1904	남성	1,195	200	1,395	
	여성	1,499	51	1,550	
	합계	2,694	251		2,945

※요크 시 밖의 종업원은 1894년 31명, 1899년 87명, 1904년 619명
(출처: Rowntree and Co. Colletions, Cocoa Works Magazine을 바탕으로 저자 작성)

다. 1894년에는 종업원 수가 861명이 되었고 1895년에 헥스비 로드의 신공장이 완전히 가동하기 시작했으며 1897년에는 유한회사가 되었고 1899년에는 종업원이 1524명에 달했다. 라운트리 사는 요크 시의 노동자를 다수 고용하는 주요 기업 중 하나가 되어 노동자의 생활에 대한 책임이 더욱 막중해졌다.

5년에 걸쳐 종업원이 배로 늘어나는 상황은 계속되어 1904년에는 종업원 수가 2,945명이 되었다(표 5-1). 종업원이 적을 때는 경영자도 종업원도 퀘이커적인 분위기로 충만한 일상을 함께 공유하면서 가족경영적인 방법을 활용하여 일체감 있는 친밀한 관계를 유지할 수 있었다. 하지만 종업원이 3,000명 가까이 되자 종업원의 생활을 세세하게 배려하기가 어려워졌다. 지금까지와는 다른

방법으로 노동자의 생활을 보장하는 일이 필요해졌다.

노동자들에게 가장 필요한 보장은 무엇인가. 라운트리 사가 최초로 도입한 보장제도는 주거대책과 퇴직 후 노령연금이었다. 노무담당이었던 시봄 라운트리는 자신이 실시한 빈곤조사에서 노동자 계급의 주거 실태를 숙지하고 고령기가 되면 빈곤에 빠질 가능성이 높다는 점을 이해했다. 그 결과를 재빠르게 활용한 것이다.

1897년에 유한회사가 된 라운트리 사의 사장을 맡고 있었던 사람은 시봄의 아버지 조지프 라운트리였다. 조지프는 1901년에 전원 마을 건설을 계획했다. 신공장에 인접한 뉴 어스윅에 근사한 주택을 건설하여 노동자들에게 제공하는 계획이었다. 19세기 말에 영국에서는 전원도시운동이 일어났다. 공기가 깨끗한 교외에 일터와 주거에 접근할 수 있는 환경을 조성하여 여유 있고 건강한 생활을 목표로 삼았다. 1899년에는 E. 하워드가 중심이 되어 전원도시협회가 설립되었고 많은 찬성자가 모였다. 코코아관련 사업의 경영자 중에도 퀘이커인 캐드버리 사는 이미 버밍엄 교외의 신공장 옆, 본빌 지역에 주거지를 건설하였다.

라운트리 사가 전원도시의 설계와 건축을 의뢰한 사람은 레이먼드 언윈과 배리 파커라는 두 명의 건축가였다. 이 두 사람은 전원도시협회가 런던 교외에 건설하기로 결정한 레치워스letchworth 전원도시의 설계와 건축을 담당하기도 했다. 라운트리 사의 전원도시 건설은 전원도시 운동에 맞춰 이뤄졌고 뉴 어스윅은 선진적인 전원도시 시도 중 하나가 되었다[1].

전원 도시 건설을 위해 조지프는 1904년에 라운트리 사와 결별하고 독립하여 세 개의 재단을 설립했다(The Village Trust, The Charitable Trust, The Social Service Trust). 이 재단들은 뉴 어스윅 전원도시의 건설 주체가 되었다. 시봄도 매월 몇 차례씩 열리는 재단 회의에 참석하여 전원도시의 진행과정에 깊이 관여했다[2].

1904년에 전원도시의 입주가 시작되었다. 뉴 어스윅은 외형적인 면에서 양호한 환경이 조성되었을 뿐만 아니라 콘서트나 정원 등 문화·스포츠 활동, 사회적 활동 등이 이뤄졌다. 덕분에 이상적인 노동자 생활이 실현되었다. 주택의 건설은 천천히 착실하게 진행되어 1920년대에는 300호를 넘었으며 1976년까지 800세대 2,300명이 사는 지역으로 성장했다.

이상적인 노동자 계급

고령기에 빈곤에 빠지는 것을 피하기 위한 대책으로 1906년에 고령연금제도가 실시되었다. 라운트리 사의 정년은 남성이 65세, 여성이 55세였다. 1870~80년대의 코코아 사업 초창기부터 근무한 종업원이 20세기 초에는 퇴직연령이 되었다. 이런 이들 중에 형편이 변변치 못한 사원의 노후를 위해 먼저 노령연금이 만들어졌다.

이어서 유족(과부)연금(1816년), 질병보조금(1920년), 실업보조금(1921
년)이 도입되었다. 공장의 생산체제 정비와 함께 늘어난 종업원을
대상으로 한 새로운 생활보장제도가 갖춰졌다. 기업 내 복지에 충
실한 점은 캐드버리 사 등 퀘이커 신자인 경영자들의 공통된 특징
이었다.

옛날, 보호무역을 옹호하던 시대에는 해외의 노예 노동력에 의
존했다. 19세기에 영국 산업이 성장하고 촌락에서 도시로 이주하
는 사람이 늘었다. 노동환경도 크게 변화하여 공장에서 처음으로
일하는 사람이 증가했다. 이들은 공장 조직을 이해하고 시간이나
규율을 지키며 노동자로서 바람직한 생활습관을 몸에 익힐 필요
가 있었다. 퀘이커 신자인 코코아 사업 경영자들은 인간으로서 풍
요로운 내실을 갖춘 노동자를 키우고자 하는 이상을 갖고 이를 실
현할 수 있는 길을 닦아나갔다.

코코아와 쵸콜릿의 공존

종업원의 급증과 매출액의 증가는 동시에 진행되었다. 대규모
가 된 공장에서 생산된 상품의 추이를 살펴보자. 그림 5-1은 판매
량(톤), 그림 5-2는 판매액(파운드)이다.

20세기 초기는 코코아의 비율이 더 높았다. 1902~18년(제1차 세

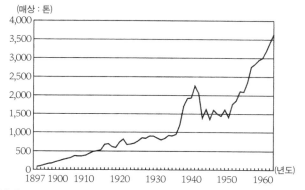

계대전 제외)은 엘렉트 코코아가 판매액의 30%전후를 차지할 정도였다. 라운트리 사의 코코아는 전국적인 지명도를 지닌 「국민적인」 제품으로 성장했고 제1차 세계대전 전까지는 코코아와 초콜릿이 같이 팔렸다.

그러나 제1차 세계대전이 종결된 이후 제조사들은 초콜릿 가공과자 등 다품종의 과자류를 생산하게 되면서 주력상품은 코코아에서 초콜릿이나 킷캣 같은 초콜릿 가공과자로 옮겨갔다. 1920년대 이후에는 초콜릿, 초콜릿 가공과자의 비율이 높아졌다.

주력제품의 변화에 주목한다면 라운트리 사가 코코아제조를 시작한 1862년부터 제2차 세계대전 전까지의 80년간을 세 시기로 구분해볼 수 있다. 1기는 1862~96년의 가족적 경영에 따른 가

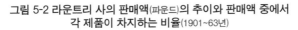

그림 5-2 라운트리 사의 판매액(파운드)의 추이와 판매액 중에서
각 제품이 차지하는 비율(1901~63년)

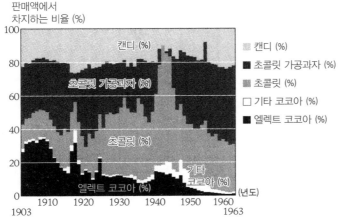

(출처 : Rowntree and Co. Collections R/DF/CS/1-2 를 바탕으로 저자 작성)

내수공업적 생산체제 시기(주력제품은 코코아), 2기는 1897~1918년의
자본주의적 생산체제의 기반정비기(주력제품은 코코아와 초콜릿), 3기는
1919~41년의 자본주의적 대량생산체제 시기(주력제품은 초콜릿 가공과자)
이다. 2기의 사장은 조지프 라운트리, 3기의 사장이 시봄 라운트
리이다. 3단계로 변화된 라운트리 사의 경영·생산체제는 영국의
시장의 확대를 반영한다.

2. 초콜릿 공장과 여성

증가하는 여성노동자

라운트리 사의 종업원 규모가 최대에 달한 것은 1910~20년대이다. 1913년에 4785명, 1926년에 4402명으로[3] 약 5천 명 규모가 되었다. 종업원의 증가와 함께 새로운 문제가 발생하게 되었다. 바로 이직자가 증가한 것이다. 특히 여성노동자의 이직이 많았는데 매년 400명을 넘어섰다(표5-2).

그 중에서도 특히 문제였던 건 13세에 의무교육을 마치고 입사한 지 얼마 안 된 14~15세의 여자아이들의 이직이었다. 이직자 가운데 14~15세의 여성노동자가 차지하는 비율은 1913년에 22.0%, 1914년에 24.3%, 1915년에 14.9%에 달했다.

십대 노동자의 회전이 빨라 라운트리 사는 항상 숙련된 노동자가 부족한 상태가 되었다. 막 일하기 시작한 젊은 여성들은 일에 익숙해질 시기에 회사를 그만뒀는데, 일을 그만두는 본인에게도 성취감이 없고 기업가 입장에서도 효율이 떨어졌다. 높은 이직율의 원인을 개선하여 노동의욕을 높이는 대책이 필요했다.

의무교육을 마치고 처음 일하는 여자아이들은 자신이 어떤 일이 가능하고 어떤 작업이 맞는지 알지 못했다. 능력을 넘어선 일을

표 5-2 여성종업원 이직자 수(1913~1915년)

(단위 : 명)

연령 / 년도	1913	1914	1915
14~19세	95	98	76
16~19	144	117	139
20~24	110	115	180
25~29	64	52	90
30~34	13	12	16
35~39	3	6	6
40~55	3	3	4
합계	432	403	511

(출처 : Rowntree and Co. Collections R/DL/LW/1의
Register of Female leaver를 바탕으로 저자 작성)

주면 끝까지 완수하지 못하고 자신감을 잃었다. 그 때문에 적성을 발견하고 능력을 기를 수 있는 작업을 배치하여 노동자로서 성장할 수 있도록 배려할 필요가 있었다.

그래서 대책으로 채택된 것이 교육 프로그램의 정비였다. 일을 마친 후 저녁에 공부할 수 있도록 공장부지 내에 교실, 도서관, 모임장 등이 만들어졌다. 저녁에 열리는 수업에는 일반 가정 수업, 요리 수업 등이 있었고 담당 교사가 배정되었다. 10대 소녀들을 염두에 두고, 일을 하면서 공부까지 할 수 있도록 주도면밀하게 준비한 충실한 교육이 실시되었다. 조지프 라운트리나 시봄 라운트리가 오랜 기간 신경 쓴 성인학교운동은 이렇게 교육프로그램으로도 활용되었다.

그림 5-3 상자 포장을 하는 여성 종업원
(요크대학교, 보스윅 역사연구협회 소장)

팩토리 걸

라운트리 사에서 남성은 제조, 배송, 수송, 기계 엔지니어링, 사무·관리 등 여러 부문에 배치되었으나 여성은 공장에 집중적으로 배치되었다. 대다수 여성들은 과자류의 제조, 분류, 포장 등의 작업에 종사했다(그림 5-3).

공장에 막 들어온 소녀들이 깜짝 놀란 것은 공장에서 일하는 사람의 숫자와 소음이었다. 공장에서 일하는 소녀들은 소음 때문에 목소리가 점점 커졌다. 「팩토리 걸」이라고 불린 여성노동자들은 거칠어 보이는 경우도 있어 맨 처음엔 팩토리 걸을 보고 충격을 받는 여자아이도 있었지만 허물없이 지내는 분위기에 이내 익숙해

그림 5-4 크리스마스 용 초콜릿 선물 상자와 여성 종업원
(요크대학교, 보스윅 역사연구협회 소장)

져 친한 친구 사이가 되었다. 일에 지장을 주지 않는다면 작업 중
에 담소를 나누거나 노래를 부르는 일도 금지되지 않았다. 때때로
웃음소리가 터져 나와 작업실이 소란스러워지기도 했다.

　많은 여성들은 요크의 주요 기업인 라운트리 사에서 일한 시절
이 즐거웠다고 말한다[4]. 초콜릿을 예쁘게 장식한다거나 보기 좋게
상자에 넣어 아름답게 꾸미는 일에는 창조적인 즐거움이 있었다.
라운트리 사는 기술의 숙련도를 겨루는 대회를 열어 종업원들에
게 자극을 주었다. 입상자의 작품은 쇼 케이스에 넣어 눈에 잘 띄
는 자리에 장식으로 두었다(그림5-4).

그림 5-5 젊은 여성 종업원에게 일 가르쳐주기
(요크대학교, 보스윅 역사연구협회 소장)

새로운 작업에 들어갈 때는 지도원이 순서를 가르쳤다. 지도원은 대개 20~30대로 10년 정도 경험을 쌓은 여성이었다. 직원들은 지도원 옆에 앉아 같은 작업을 반복하며 순서를 외웠다. 젊은 여성노동자들이 어떤 문제라도 편하게 상담할 수 있도록 여성 복지 지도원이 공장에 배치되기도 했다(그림 5-5).

라운트리 공장에서는 부서나 작업실마다 댄스파티나 티파티가 자주 열렸다. 결혼하는 동료가 있으면 차와 케이크로 결혼을 축하하며 선물했고 여성들은 소풍이나 짧은 여행도 다녔으며 즐거운 순간들을 찍은 사진을 회사 신문에 실었다. 예를 들어 아몬드 제조 부서의 여성들은 1920년 9월에 10명이 모여 가까운 해안 휴양지 스칼비로 1박2일의 짧은 여행을 다녀왔다. 다음과 같은 재미있는 수기가 사보에 게재되었다.

「스칼비에 다녀온 지난 주말 여행은 정말 잊을 수 없을 것입니

그림 5-6 라운트리 사의 여성 자전거 경주 1950년
(요크대학교, 보스윅 역사연구 협회 소장)

다. 바다에서 산들산들 불어오는 상쾌한 바람. 언덕에 올랐을 때 보이던 아름다운 장관은 코코아 공장에서 일하는 니브(**라운트리 사의 코코아 선전 캐릭터**)들의 마음을 꼭 끌어안아 주었습니다. 네, 저희 아몬드 레이디들은 9월 17일에 스칼비에 다녀왔습니다. 우리를 보살펴주신 미스 오웬은 열렬히 환영해주셨으며 덕분에 우리의 마음은 두근거리는 기분으로 흘러넘치게 되었습니다. 산책하고 수다를 떨고 노래를 부르고 늦은 밤까지 시끌벅적하게 놀았습니다. 반짝반짝 빛나는 추억이 한가득. 다음 여행도 벌써 기대됩니다[5].」

일을 마친 뒤나 주말에는 충실한 여가를 보낼 수 있도록 다수의 동아리가 있었다. 각종 스포츠, 댄스, 연극, 목공, 요리, 종교 등 분야도 다양했다. 공장에는 극장이 있어서 동아리의 성과를 발표할 수 있는 무대가 되었다. 이런 동아리 발표회의 모습은 사진과 함께 회사 신문에 자세하게 소개되었다(그림 5-6). 예를 들어 여성들의 원예 동아리가 있어 가을이 되면 원예 전시회를 열어 「감자 부문」, 「양배추 부문」 등 품종마다 자신들의 성과를 겨뤘고 입상자가 들려주는 원예 요령은 며칠 뒤 사보에 소개되었다. 사회적 활동을 적극적으로 지원하는 라운트리 사의 자세를 알 수 있는 대목이다.

3. 심리학과 초콜릿 공장

초콜릿 공장의 구조

각 작업실이나 여가 동아리에서 동료들과 어울리며 친밀하게 소통할 수 있었지만 수천 명 규모의 공장에서 다른 부서나 작업실에 어떤 사람들이 어떤 일을 하고 있는지 파악하기란 쉽지 않다. 전체적인 그림이 선명하지 않으니 자신이 하는 일의 의미와 가치도 잘 알 수 없었고, 자연히 일하는 의욕도 떨어지게 되었다. 이런 문제를 방지하기 위해 일하는 사람들이 자신의 노동 환경에 관심을 갖고 공장 측이나 동료들과 적극적으로 관계를 맺을 수 있는 구조가 필요했다.

제1차 세계대전 중에 라운트리 사에서는 공장 평의회 제도란 획기적인 시도를 했다. 이 제도는 경영자가 일방적으로 공장을 경영하는 것이 아니라 노동자 대표와 협의하면서 공장을 운영하는 것을 말한다. 노동자도 자신의 의견을 밝힐 수 있으며 의사가 운영에 반영되기 쉬운 구조다. 이 제도 덕에 공장이 「경영자의 소유」가 아니라 「모두의 소유」라는 의식이 자랐다. 과자 제조업계에서는 캐드버리 사가 이런 구조를 도입했다.

라운트리 사에서는 이 제도를 통해 노동자의 희망사항이 반영되어 주 5일제가 비교적 이른 시기인 1919년에 도입되었다. 노동시간은 주 44시간으로 줄었다. 종업원들은 제한된 시간에 집중적으로 일하는 것을 좋아한 것이다. 라운트리 사에서는 근로 의욕을 높이는 「인간적인 환경」이 무엇인지 경영자와 노동자가 2인 3각으로 꾸준히 모색했다.

「급료」와 노동 의욕

근로 의욕에 가장 중요한 것은 「급료」이다. 공장노동이 널리 퍼진 20세기 전반의 영국에서는 주로 고정급, 성과급, 보너스 세 종류의 임금 지급 방법이 있었다[6].

고정급은 이미 정해진 액수의 임금이 일당 또는 주급으로 지급

된다. 시급으로 더 세분화하여 계산하기 힘든 노동이 대상으로 집중력이 필요하고 품질을 중요하게 따지는 업무에 잘 맞았다. 코코아 광고를 만드는 일, 젊은 노동자에게 조언을 해주는 지도원의 업무가 여기에 해당한다.

성과급은 단위당 업무량과 임금이 확정된 경우이다. 예컨대 「초콜릿을 열 상자 포장하면 1 실링」 등과 같이 업무량을 명확하게 계산할 수 있는 노동이 대상이었다. 단순작업에 잘 맞았으며 이 계산방법의 문제는 완수한 업무량이 많을수록 실제 수령 임금이 늘어나기 때문에 노동자가 의도적으로 업무량을 늘릴 경우, 경영자 측의 임금 지급 부담이 늘어난다는 점이었다. 즉, 노동의욕은 늘어나지만 경영을 압박하는 빌미가 된다.

이런 결점을 피하기 위한 수단으로 고안된 임금형태가 「프리미엄 보너스제」이다. 표준 업무량과 그것을 수행할 표준 시간, 임금을 지정한다. 표준시간보다 빨리 작업을 마치면 보너스 급여가 지급된다. 시간을 아껴서 작업을 많이 하면 그 작업에 대해 추가 급료가 지급된다.

프리미엄 보너스제는 성과급처럼 터무니없이 경영을 압박할 우려가 없다. 노동자에게도 기본급이 보장되고, 일에 조금 더 힘을 기울이면 수입이 늘어난다. 자주적으로 일할 의욕이 쉽게 향상되는 임금형태였다.

「사람」이 일하는 공장

실제 공장운영에서 문제가 된 것은 한 공장 안에 세 종류의 임금 체계가 혼재해 있었다는 점이었다. 영국의 임금체계가 이처럼 복잡해진 배경에는 다음과 같은 사정이 있다.

제1차 세계대전 이후 유럽과 미국의 제조업은 대량생산·기계화의 시대를 맞이했다. 대규모로 커진 공장에서 어떻게 노동자들의 노동 의욕을 향상시킬지가 고민거리였고, 식품가공업인 코코아·초콜릿 비즈니스도 예외가 아니어서 새로운 경영법을 찾았다.

미국에서는 테일러 시스템이 주목을 받았다. 테일러 시스템은 스톱워치로 일정 작업의 소요 시간을 잰 다음 표준 작업량을 정한다. 그 표준 작업량을 완수할 수 있도록 경영측이 컨베이어벨트의 속도를 조정했다. 시간과 동작의 양면에서 사람의 행동을 「과학적」으로 연구하여 표준시간당 표준작업량을 결정한 것이 특징으로 「과학적 관리법」이라 불렸다.

테일러 시스템을 공장에 도입하여 눈부신 효과를 거둔 것이 포드 사이다. 1908년 대중 자동차 T형 포드를 출시하고 컨베이어 벨트를 활용한 작업으로 대량생산을 실현했다. 그 결과 1914년에는 미국 자동차 생산대수의 약 절반가량을 포드 사가 차지하게 되었다. 포드 사의 성공으로 테일러식 「과학적 관리」가 주목을 모았다.

그러나 영국에서는 테일러 시스템이 사용될 조짐이 보이지 않았다. 대신 독자적으로 산업과 심리의 연관성을 연구하는 움직임이 있었다. 그 출발점이 제1차 세계대전 중의「산업피로」연구였다. 전시 중에 전선에 보낼 군수물자를 생산하는 공장에서 노동자의 능률이 저하되는「산업피로」가 생겼다. 노동자의 노동의욕을 어떻게 회복시키고 고무시킬 것인가, 이것을 연구한 사람이 케임브리지 대학에서 실험심리학을 담당하던 C. S. 마이어스 교수였다. 제1차 세계대전 중에 군수장관을 맡고 있던 자유당 로이드 조지의 의뢰로 시봄 라운트리는 1915년에 군수성에 복지부를 개설하고 복지부장이 되었다.

제1차 세계대전 이후「산업심리학」분야를 확립시킨 마이어스 교수는 친하게 지내던 시봄에게 라운트리 사의 경영에 영국의 산업심리학을 도입할 것을 권했다. 시봄이 관심을 가진 것은 테일러 시스템이 아닌 자주적인 노동의욕을 어떻게 향상시킬 것인가를 모색하던 영국의 산업심리학이었다.

제1차 세계대전 이후 시봄은 직원들과 함께「주말강의」를 열었는데 그 중에서도「심리학」,「산업심리학」은 인기 강의였다[7]. 이런 상황에 떠밀려 라운트리 사는 경영에 산업심리학을 도입하기로 결정했다.

1922년에 라운트리 사에 산업심리학부서가 개설되고 산업심리학자가 정식 사원으로 채용되었다. 영국에서 공장운영에 심리학자를 배속시킨 최초의 사례이다. 영국의 산업심리학 역사에서도 실험적인 시도였다.

시봄 라운트리가 산업심리학 부서를 설치하려 한 이유는 직원들을 컨베이어벨트에서 기계의 제어 아래 일하는 노동자가 아니라 자신이 해야 할 일을 자주적으로 달성할 수 있는「인간적인」노동자로 성장시키고자 하는 바람이 있었다.

공장평의원회 제도, 프리미엄 보너스 제도 등은 모두「자주적인 행동」을 지원하기 위한 장치로「자주적」이어야「인간적」이라는 강한 확신이 시봄에게 있었던 것이다.

산업심리학과 공장

노동자의 자주성을 이끌어내고 노동의욕을 향상하여 노동자 자신이 충실한 만족감을 얻을 수 있는 직장, 그것이 라운트리 사의 초콜릿 공장이 추구하는 바였다. 그들은「인간적 요인」을 포함한 생산시스템을 모색했다.

산업심리학은 그런 생산시스템을 실현하기 위한 수단 중 하나였다. 세 종류의 임금형태가 뒤섞여 있는 공장에서는 다양한 문제가 발생했다. 심리학적인 견지에서 문제의 요인을 분석하고 효율성 향상으로 연결시키기 위해 조정하는 일도 산업심리학 부서에 기대되는 역할이었다.

세 종류의 임금제가 뒤섞여 있으면 다음과 같은 문제가 생겼다. 초콜릿 제조는 기온의 영향을 받기 때문에 기온이 높은 여름에는 작업을 중단해야만 했다. 작업을 중단하면 성과급 노동자는 수령액이 줄어든다. 그러나 주급 노동자는 임금에 영향을 받지 않는다. 쉴 수 있게 되면 오히려 좋다. 그러자 성과급 노동자의 불만이 격해졌다. 사소한 일로 노동자 사이에서 충돌이 일어나게 되었다. 작업장에서 작은 마찰이 쌓이게 되면 생각지 못한 사고로 연결될 위험도 있다. 당시에는 기온뿐만 아니라 작업 환경이 안정되지 않는 상황이 흔히 생겼다. 기계 고장, 연료 부족, 원재료 부족 등으로 작업이 자주 멈췄다.

산업심리학 부서는 문제가 발생한 작업실의 인간관계와 작업순서, 라인 상황, 벨트 속도, 재료 보급, 초콜릿 온도 등 포괄적인 조사를 실시하여 「인간적 요인」에 대해 깊이 숙고한 뒤 공장 내 「효율성」을 어떻게 향상시킬 수 있을지 전문적 견해를 제시했다.

누구를 어떤 부서에 배치하고, 어떤 임금체계를 적용할 것인가, 그 노동자에게 어느 정도의 작업량을 부과하고 프리미엄 제도 하에서 보너스를 얼마나 설정할 것인가 등 수천 명 규모의 공장에서는 고려해야 할 과제가 많았다. 산업심리학 부서는 노동자를 적재적소에 배치하는 방법도 연구하여 입사 지원자의 선발에도 관여했다. 1923년 이후 지원자에게는 심리 테스트를 실시하게 되었다. 테스트를 실시하기 전에는 퇴직률이 20~25%였으나 테스트를 실시하자 5% 정도로 감소했다[8].

근대적 공장에서는 산업심리학 부서 같은 기관이 필요했다. 라운트리 사의 초콜릿 공장은 노동자의 자주성을 유도하는 생산시스템 실현을 위한 거대한 실험실과도 같았다.

1. 과자 광고와 가족

코코아와 엄마

20세기에 접어들어 라운트리 사는 수천 명 규모의 종업원을 품은 대기업으로 성장했으며, 코코아나 초콜릿이 대량으로 생산되고 판매되었다. 이렇게 성장하기 이전에도 광고의 중요성은 점점 커지고 있었다. 이런 시대의 변화를 겪는 모습이 코코아 광고에 반영되었다.

그림 6-1 라운트리 사의 코코아 광고
(요크대학교, 보스윅 역사연구협회 소장)

코코아 광고는 주로 아이를 대상으로 했으며, 20세기에 접어들면서 광고 문구가 함께 붙기 시작했다. 광고 문구는 「Builds Bone and Muscle(뼈나 근육을 건강하게 만들기)」, 「AIDS DIGESTION(소화촉진)」 등 아이들 성장이나 건강에 도움이 된다는 점을 강조했다(그림6-1).

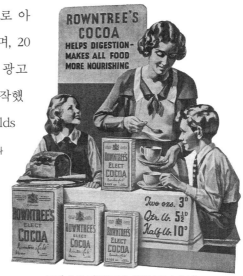

그림 6-2 라운트리 사의 코코아 광고
(요크대학교, 보스윅 역사연구협회 소장)

코코아 광고에는 아이와 함께 엄마도 등장했다. 그림 6-2를 보면 화목한 가정의 지극히 행복한 시간을 코코아가 만들어준다는 이미지로 코코아의 달콤한 맛과 엄마의 다정함이 동시에 전해지는 걸 알 수 있다. 성 모자상을 방불케 하는 구도다. 코코아에는 소화촉진 작용이 있어서 다른 음식물의 영양 효과를 증진시킨다고 광고 문구에 적혀 있다. 이전에는 코코아를 약품으로 생각해서 어른들이 섭취했고 다양한 약용효과를 기대했다. 그러나 20세기부터는 어린이 성장에 효과가 있다는 데 초점을 두고 효능을 알리게 된 것이다.

라운트리 사가 그리는 코코아 세계에는 이상적인 모친상이 표현되어 있다. 그림 6-3의 광고는 코코아를 이용한 요리법을 소개한다. 코코아, 설탕, 마가린을 서로 섞어서 휘핑크림처럼 거품을 내면 보송보송한 코코아 크림이 완성된다. 「자, 많이 먹으렴」이라고 말하며 이 「Butta」를 바른 빵이나 비스킷을 식탁에 내놓으면 아이들은 크게 기뻐하는 식탁 풍경이 떠오른다. 이같이 코코아 광고에는 달콤한 기억으로 채색된 가족 이야기가 묘사되었다.

그림 6-3 라운트리 사의 코코아 광고
(요크대학교, 보스윅 역사연구협회 소장)

단맛의 코코아는 아이와 여성에게 친근한 이미지의 식품이 되었다. 그림 6-4는 제2차 세계대전 중에 나온 광고로 야무지게 일하는 여성을 그리고 있다. 남성 노동력이 부족해지자 영국에서는 노동 현장에 여성이 동원되었다. 식료품이 부족하여 필요한 열량을 어떻게 섭취해야 하는지가 과제였던 시대였다. 코코아는 바깥에서 일하느라 식어버린

몸을 따뜻하게 덥혀주었다. 아
침에 코코아를 마시면 힘든 노
동도 그리 괴롭지 않다고 적혀
있다.

코코아를 마시고 영양을 보충
한 것은 아이와 여성뿐만이 아
니다. 남성도 코코아를 마셨다
(그림6-5). 특히 비상시에 열량을
재빨리 섭취할 수 있는 휴대식
품으로 효과를 발휘했다. 남극
탐험으로 유명한 스콧 장군도
탐험대 식량으로 코코아를 지
참했다. 스콧이 왕립학술원과
왕립지리학회의 지원으로 원정
대를 조직하여 남극으로 출발

**그림 6-4 라운트리 사의
코코아 광고**
(요크대학교, 보스윅 역사연구협회 소장)

한 것이 1901년이다. 당시 캐드버리 사는 중량 3,500파운드의 코
코아와 초콜릿을 탐험대에 기증했다. 탐험대 캠프장을 촬영한 사
진에는 라운트리 사의 엘렉트 코코아의 캔과 프라이 사의 코코아
캔과 상자가 찍혀 있다. 3사의 코코아를 전부 지참한 듯 보인다.
탐험대는 코코아, 설탕, 비스킷, 건포도 등을 섞어서 진한 푸딩 모
양으로 만들어 먹었다[1].

그림 6-5 코코아를 마시는 남성을 묘사한
캐드버리 사의 광고
(엽서, 저자 소장)

당시 탐험대는 빙설에 막혀 남극에 도달할 수 없었다. 그러나 스콧은 1910년에 다시 남극으로 출발했다. 이 원정에도 코코아와 초콜릿을 지참했다. 영국 사람들은 스콧의 불굴의 도전에 기대를 걸었다. 라운트리 사의 사보에서도 스콧의 탐험을 크게 다루며 스콧의 수기를 게재했다[2]. 거기에는 남극 탐험대가 식료품을 주도면밀하게 준비했다고 하면서 탐험 중인 1911년의 크리스마스에는 코코아를 이용한 메뉴를 먹었다고 게재했다[3]. 라운트리 사의 사람들에게 남극 탐험의 성공 여부는 남의 일이 아니었던 것이다. 스콧 탐험대는 1912년에 남극점에 도착했지만 돌아오는 길에 조난당해 생환하지 못했다.

스콧 탐험대 이전부터 코코아나 초콜릿은 비상식량으로 이용되고 있었다. 1899년 남아프리카에서 보어 전쟁이 발발하여 영국은 군대를 보냈다. 빅토리아 여왕은 전장에서 싸우는 병사를 위해

1900년 새해 선물로 초콜릿을 준비했다. 「로열 초콜릿 박스」는 병사를 위한 세트 상품이었으나 영국의 한정된 상점에서 동일 상품을 구입할 수 있었다. 취급하는 상점은 런던의 점포 두 곳이 전부였는데, 그 중 하나가 프라이 사의 런던 지점이었다[4].

블랙 매직의 마력

라운트리 사가 초콜릿 판매를 본격적으로 시작하여 상자에 담은 초콜릿을 출시한 것이 1909년이다. 상자에 담은 초콜릿 상품 가운데 1930년대에 출시된 「블랙 매직Black Magic」이 인기 상품이 되었다. 「블랙 매직」은 소비자에 대한 시장 조사를 근거로 판매 전략을 짰다[5].

1932년 라운트리 사는 3,000 파운드의 비용을 들여 상자 초콜릿의 소비자 조사를 실시했다. 일곱 개 도시에 사는 7,000명의 소비자를 대상으로 초콜릿에 대한 구매 경향과 초콜릿 상자 디자인에 대해 인터뷰를 실시했다. 더불어 3,000명에게는 네다섯 종류의 초코 과자에 대한 기호를 조사하였고 2,500명의 소매업자에게 가격이나 이윤에 대해 물었다. 그때까지 과자제조업에서 이런 대규모 시장 조사가 실시된 적이 없었기 때문에 본격적이고 획기적인 조사였다.

그 결과 밝혀진 내용이 상자에 포장된 초콜릿은 남성이 구매해서 여성에게 선물한다는 사실이었다. 이 조사를 근거로 남성이 가게 입구에서 쉽게 초콜릿을 손에 넣을 수 있도록 상자 디자인이 단순하고 수수해졌다. 광고에도 빅토리아풍의 느낌을 피하고 바우하우스 모더니즘의 디자인이 도입되었다.

광고에는 남성이 여성에게 초콜릿을 선물하는 다양한 장면이 묘사되었다. 「초콜릿을 사는 사람」은 남성, 「받는 사람」은 여성이라는 명확한 콘셉트로 소비자에게 고정된 것이다.

이국적인 정서가 감도는 로맨틱한 커플이 많이 묘사되었다. 그림 6-6은 1933년 광고로 파티 드레스 차림의 로맨틱한 커플에게 「최고인 것만 있으면 된다」라는 카피가 붙었다. 그림 6-7은 1938년 광고로 이탈리아 베니스에서 신혼여행을 즐기는 부부의 황홀한 분위기를 묘사했다. 블랙 매직을 앞에 배치하고 「앨런, 우리 신혼여행에 2주간 먹을 블랙 매직을 가져가고 싶어」라는 문구를 달았다. 여성이 남성에게 초콜릿을 달라고 조르는 상황이다. 그

그림 6-6 1933년 블랙 매직의 광고
「최고인 것만 있으면 돼」
(요크대학교, 보스윅 역사연구협회 소장)

174

**그림 6-7 1938년 블랙 매직 광고,
베니스 신혼여행 중인 커플**
(요크대학교, 보스윅 역사연구협회 소장)
그림 6-8 블랙 매직 광고, 듀엣의 밤
(요크대학교, 보스윅 역사연구협회 소장)

림 6-8은 둘이 듀엣을 하기로 약속한 밤에 남성이 블랙 매직을 가
져왔다는 설정이다. 노래도 잘하고 여성의 마음도 잘 아는 세련된
남성이다. 여성은 완벽한 밤이 되었다고 기뻐한다.

세상에서 가장 달콤한 아빠

그림 6-9는 「세상에서 가장 달콤한 아빠the sweetest father in the
world」가 딸에게 주는 선물이다. 오페라를 보러 극장으로 외출하
려는 딸은 우아한 이브닝드레스로 몸을 감싸고 있다. 그녀는 막과
막 사이에 에스코트해준 남성과 초콜릿을 맛본다. 우아한 순간을

그림 6-9 블랙 매직 광고, 세계에서 가장 **달콤한** 아빠가 딸에게 (요크대학교, 보스윅 역사연구 협회)

즐길 수 있게 배려해준 아버지의 「달콤한 마음」이 세심하게 와닿았다.

다른 광고에서도 성인 남녀가 묘사된다. 등장하는 여성은 모두 세련된 이브닝드레스 차림이며 극장에 가거나 해외여행을 떠나는 일이 자연스러운 여성들이다. 공장에서 블랙 매직 상자를 만드는 노동자 계급 여성들과는 상이한 남녀가 광고에 묘사되는 것이다. 감미로운 맛과 함께 지극히 행복한 순간을 즐기는 사람들이 달콤한 상자 초콜릿의 이미지로 매일 일하는 여성 노동자를 떠올리기는 어려웠을지 모른다.

블랙 매직은 업계 최초로 쌉쌀한 맛의 초콜릿이 사용된 상품이었다. 무엇보다 달콤한 것이 사랑받던 영국에서 단맛을 억제하고 카카오 본연의 맛을 제품으로 판매하는 것 자체가 획기적인 도전이었다. 그래서 라운트리라는 회사 이름보다 쌉쌀한 어른의 맛을 담은 상품이라는 이미지를 강하게 알리는 광고 전략이 채택되었다. 그때까지 상품 제조는 메이커, 판매는 소매점이 맡는 식으로 역할이 분담되었으나 블랙 매직의 경우 라운트리 사가 제조에서 판매까지 일괄적으로 담당했다. 이것 역시 업계에서는 참신한 시도였다.

시장 조사를 근거로 판매 전략을 정한 블랙 매직은 큰 성공을 거뒀다. 1930년대는 라운트리 사가 캐드버리 사와 매출 경쟁에서 격전을 벌이던 시기다. 퀘이커 출신으로 줄곧 협력하며 성장해온 동종 업계의 두 회사는 때로는 좋은 라이벌로 경쟁하면서 함께 업계를 선도하는 기업으로서 중요한 역할을 했다.

1920~30년대는 제1차 세계대전의 부흥을 지나며 사회가 크게 변화하던 시대였다. 파업이 빈번하게 발생했고 어떤 업계든 기업 경영하기가 수월하지 않았다. 더 좋은 성과를 내기 위해선 견실한 사업수완과 혁신적인 자세가 필요했다. 1930년대에는 과자 제조 기술이 더욱 향상되어 다양한 종류의 과자가 제조되었다. 라운트리 사에서는 이 시기에 블랙 매직 외에도 킷캣KitKat, 스마티스 Smarties 등 오랫동안 생산이 이어진 인기 상품이 태어났다.

2. 킷캣의 「청색 시대」

킷캣의 탄생

킷캣이 출시된 것은 1935년 9월이다. 막 출시되었을 때에는 킷캣이 아니라 「초콜릿 크리스프」라는 이름이었다[6]. 라운트리 사는 매년 가을 크리스마스 선물용 과자를 예쁘게 전시하여 발표했는데, 이 해 10월에 「초콜릿 크리스프」를 처음 선보인 것이다[7]. 크리스프는 사각사각하고 아삭아삭한 식감을 표현하는 단어이다. 이름에서 초콜릿으로 감싼 웨이퍼가 입 안에서 부서지는 느낌을 강조한 이 제품은 처음부터 웨이퍼와 초콜릿이 여러 겹으로 이루어진 형태를 유지했다(그림 6-10).

킷캣의 제작 시도는 1920년대부터 시작되었다[8]. 겉모습도 맛도 아직 확실하지 않은 아이디어 단계부터 킷캣을 만들려던 시도를 여기에서는 편의상 「초콜릿 크리스프」 프로젝트라고 부르고자 한다. 프로젝트 1단계는 1926년에 시작되었다. 라운트리 사는 내부적으로 코코아나 초콜릿 등 제품에 따라 부서가 나뉘어 있었는데 「초콜릿 크리스프」는 크림 부서의 프로젝트였다. 해당 부서에서 웨이퍼에 크림을 사이사이 넣은 핑거(가늘고 긴 비스킷)를 만들었기 때문이다.

지금도 킷캣이 다른 초콜릿 과자와 다른 점은 웨이퍼와 초콜릿이 입 안에서 아삭거리며 달콤하게 녹아 두 가지 맛을 함께 즐길 수 있다는 점이다. 이 점이 바로 킷캣만의 특징이며 제조·판매가 시작된 때부터 강조되었던 특징이다. 라운트리 사의 오리지널 킷캣 제조법을 적은 레시피 매뉴얼이 지금도 남아있다[(9)].

레시피는 웨이퍼 생지 제조, 웨이퍼 베이킹(연성), 사이에 넣을 크림 제조, 레이어(웨이퍼에 크림을 넣은 3층 구조) 만들기, 커팅, 숙성의

그림 6-10 1930년대, 초콜릿 크리스프로 판매되던 모습
(요크대학교 보스윅 역사협회 소장)

여섯 단계 공정으로 분류되어 있다. 이 같은 공정을 거치면서 킷캣의 중심 부분이 완성된다. 이것을 핑거라고 부른다. 핑거에 초콜릿을 코팅하면 킷캣이 완성된다. 오리지널 레시피에서 공들여 설명하고 있는 부분은 핑거의 제조법이다. 여러 겹으로 쌓은 웨이퍼 핑거 비스킷이 바로「초콜릿 크리스프」의 핵심인 것이다.

킷캣의 탄생 과정에서 가장 큰 난관은 웨이퍼를 얇고 균등한 두께로 구워내는 일이었다. 킷캣이 탄생하기 전, 라운트리 사는 초콜릿 원재료 혼합의 비율을 바꿔가며 다양한 종류의 초콜릿을 만

들고 있었다. 아직은 초콜릿 그대로를 제조하는 것이 주류였고 상자 초콜릿이 주력상품이었다. 킷캣은 이와 달리 웨이퍼와 초콜릿이라는 서로 다른 종류의 소재를 조합한 초콜릿 가공과자이다. 초콜릿 가공과자를 만들려면 초콜릿 이외의 「가공」에 숙련된 기술이 필요했다. 「초콜릿 크리스프」를 만들 때에도 웨이퍼의 대량생산이 큰 숙제였다.

「초콜릿 크리스프」 프로젝트

초기 단계에서 고심한 문제는 오븐에 넣는 철판 위에 웨이퍼 생지를 얇고 균등하게 펼치는 것이었다. 두께를 일정하게 만들기가 쉽지 않았고, 얇은 부분은 쉽게 부스러졌다. 1926년 6월부터 생지 스프레드 머신을 검토하기 시작하며 각 회사의 스프레드용 노즐을 조사했고 1927년 5월말부터 런던의 한 과자기계 메이커에서 기계를 한 달 동안 대여하여 시용했다. 하지만 생지 두께가 고르지 않아서 기계 구입으로는 이어지지 않았다. 크림 부서의 책임자는 회사가 직접 부담하여 기계를 제조하는 편이 빠르므로 기계 설계에 착수해 달라고 엔지니어링 부서에 의뢰했다. 라운트리 사에는 실력 있는 엔지니어링 부서가 있었고, 여기에서 다양한 과자 제조 기계를 만들거나 개량했다.

1932년에 들어서는 베이킹(연성)용 기계의 테스트를 거듭했다. 웨이퍼 한 장을 굽기 위한 목표시간은 3분이었다. 라운트리 사측의 문의에 대해 기계 메이커는 2분 30초까지 시간을 단축할 수 있다고 대답했고 라운트리 사의 프로젝트 담당자는 2월 12일에 굽기 시간을 더 단축하여 2분 42초를 시험, 다음날인 13일에는 2분 27초, 2분 2초, 2분 32초를 시험했으며 불량품 발생률도 계산했다. 2분 2초는 역시 시간이 너무 짧아 미처 구워지지 않은 부분이 있었고, 불량품이 삼 분의 일이나 나왔다. 이윽고 2월 15일에 2분 49초~52초가 적당하다는 결론을 내렸다. 「초」를 다투는 기계에 대한 고집은 킷캣을 탄생시킨 진통 같은 것이었다. 1935년에 「초콜릿 크리스프」가 발매된 후에도 베이킹 방법의 개량은 계속되었으며 1936년 기계 제작사에 보낸 서류에 「자신들(라운트리 사)도 더욱 경험을 쌓으면 생지를 능숙하게 펼쳐 더 단단하고 탄탄한 웨이퍼를 구워낼 수 있을 것」이라고 적었다. 판매량이 증가하면서 품질이 안정된 웨이퍼를 더욱 대량으로 생산할 필요가 생겼을 것이다.

웨이퍼 시트에 크림을 삽입하여 웨이퍼를 삼층으로 만든 뒤 한 줄씩 잘라 핑거로 만드는 커팅 기술도 향상시킬 필요가 있었다. 헤이즐넛을 주원료로 하는 크림을 웨이퍼에 끼우면 몇 시간 동안은 크림이 아직 물렀다. 따라서 커팅을 너무 빨리 하면 웨이퍼가 크림 위에서 미끄러져 불량품 발생률이 높아졌다. 이를 방지하기 위해 저온에 한 두 시간 이상 보관한 뒤 잘랐다. 커팅은 꽤 어려운

**그림 6-11 초콜릿 크리스프
제조에 쓰이는 커팅머신**
(요크대학교, 보스윅 역사연구협회
소장. R/DT/EE/18)

기술이어서 기계 제작사와 상담하며 기계 개량을 거듭했다(그림 6-
11). 기계의 취급 용이성은 노동 비용에도 영향을 주었다. 1938년
에는 신규 커팅머신을 구입할 계획이 있어 기계 한 대를 「day(낮 동
안의 작업시간대)」에 두 명의 「소년boy」에게 조작을 맡기는 게 좋은지,
「night(야간 작업)」에 두 명의 「청년youth」에게 시키는 편이 좋은지 계
산하기도 했다. 「소년」은 의무교육을 수료하고 취업했으나 야간
조업에 일하는 것이 금지된 연령의 노동자였을 것이다. 두 사람의
「소년」을 쓰는 데 드는 비용은 116파운드, 두 사람의 「청년」은 129
파운드로 「소년」을 주간에 써야 저렴한 비용이 가능하다는 결론이
나왔다.

맛있는 핑거를 만들기 위해서는 커팅 이후의 「숙성」이 중요했
다. 최소 7일 동안 핑거를 재워서 웨이퍼와 크림을 차분하게 밀착
시키는 과정이 필요하다. 「숙성은 좋은 핑거를 완성하기 위한 가

장 본질적인 절차」라고 레시피 매뉴얼에 적혀 있다. 이처럼 1935년에 개발된 뒤 1930년대 후반 내내 제조 기계의 개량이 이어졌다. 이 시기 유럽은 히틀러가 이끄는 나치 독일이 등장하여 제2차 세계대전의 어두운 구름이 하늘을 덮는 시기이기도 했다.

킷캣의 홈

　웨이퍼가 나란히 배치된 킷캣의 또 하나의 특징은 바로 홈이다. 「홈」이 있어서 쪼개 먹기 쉽다. 핑거 네 개가 「홈」을 사이사이에 두고 하나로 연결된 형태를 4 핑거라고 부른다. 오리지널 「초콜릿 크리스프」의 기본형은 4 핑거로 1930년대에 2펜스에 팔았다. 얼마 지나지 않아 절반 크기인 2 핑거를 만들기 시작했고 가격은 반액인 1펜스였다. 두 가지 모두 가격이 저렴했다.

　킷캣의 특징인 「홈」에 대해 다음과 같은 에피소드가 전해진다. 「초콜릿 크리스프」는 일터에 나간 남성이 점심이나 휴식 때 먹기 쉬운 초콜릿 과자를 만들어보자는 아이디어에서 탄생했다. 이때 대상으로 설정된 남성은 사무실에서 일하는 화이트 컬러가 아니었다. 현대처럼 영양을 골고루 섭취하기 힘들었던 시대에는 고된 노동을 소화하는 노동자 계급 남성이 어떻게 열량을 보충할지가 중요한 사회문제였다. 「초콜릿 크리스프」는 이른 아침부터 몸을 움직여 일하던 남성이 한숨 돌릴 때 일어선 채로 혹은 걸어가면서 초콜릿을 뚝 쪼개 입에 털어넣고 다음 작업을 하는 모습을 상상하며 만들었다고 한다. 일하느라 앉을 틈도 없는 노동자들이 입에 쉽게 넣을 수 있도록 배려한 것이 「홈」인 것이다.

킷캣이 탄생하기 한 시대 전에는 노동자들이 일할 기력을 보충하기 위해 손을 댄 것이 술이었다. 20세기 초의 유럽과 미국 사회에서는 노동 계급 남성이 노동을 위해 아침부터 술을 찾는 것이 익숙한 광경이었다. 영국의 전통 있는 공립학교인 이튼 학교에서도 학생용 조식에 맥주가 나올 정도였다. 술은 혈당치를 빠르게 높여주기 때문에 아침에 제일 처음 하는 활동을 위한 에너지원으로 알맞았던 것이다. 그러나 술을 탐닉할 경우 노동자의 몸이나 의욕을 상하게 하는 것으로 끝나지 않았다. 술을 상습 복용하는 사람은 공장에 못 나오게 되기가 쉬웠다. 공장의 결근율이 올라가는 건 공장경영자에게는 골칫거리였다. 사회적으로도 혈당치를 상승시킬 다른 수단이 필요했다.

가장 먼저 술을 대신할 식품으로 노동계급의 생활에 큰 비중을 차지하게 된 것은 홍차였다. 설탕을 넣은 따뜻한 홍차를 위에 흘려보내면 몸도 따뜻해지고 혈당치도 올랐다. 다만 홍차만 몇 잔이고 벌컥벌컥 마실 수는 없었다. 차에 곁들일 과자가 필요했다. 초콜릿은 맛이 달콤해서 차와 함께 마시면 혈당치가 더욱 상승되는 뛰어난 칼로리 보충식품이었다. 킷캣의 「홈」은 술 대신 홍차와 함께 달콤한 음식을 섭취하는 습관이 널리 퍼지게 된 역사가 반영된 것이다.

킷캣의 수수께끼

킷캣이 지금도 전세계적으로 인기를 유지하는 이유 중 하나는 기억하기 쉬운 이름일 것이다. 「킷캣KitKat」은 k음과 t음이 두 번씩 반복되면서 음이 어울린다. 기억하기 쉬운 또렷한 이름이다. 누가 어떤 이유로 이 이름을 붙였는지, 탄생지인 요크에서도 많은 사람이 관심을 갖고 이름의 유래를 찾아봤지만 신기하게도 확증할 수 있는 정설은 없었으며 여러 가설 중에는 단 하나도 도시 전설의 영역을 넘지 못했다.

가장 널리 알려진 가설은 다음과 같다. 18세기 런던에 「킷캣 클럽(Kit-Cat Club)」이라는 곳이 있었다. 도시 근처에 법률 사무소가 많이 모인 템플바라는 지역이 있는데 그곳의 샤이아 레인이라는 거리에 양고기 파이로 유명한 「킷캣 클럽」이 있었다. 킷캣이라는 이름은 이 클럽의 이름을 기념하기 위해서 붙였다는 가설이다. 킷캣 클럽은 휘그당 지지자들이 모이는 곳이었는데 휘그당 지지자는 상공업자나 비국교도들로 19세기로 접어들면서 자유당으로 발전했다. 왕권을 지지하는 보수 세력인 토리당에 대항하여 자유무역을 주장한 정치세력이 이 휘그당이었다. 라운트리 가를 필두로 퀘이커들은 자유당 지지 세력이었고 킷캣 탄생 당시 라운트리의 사장이었던 시봄 라운트리는 자유당 총리를 지낸 로이드 조지의 두터운 신뢰를 받기도 했다. 라운트리는 자유당과 인연이 깊었으므로 몇 가지의 가설 중에도 이 가설이 가장 그럴듯해 보인다.

　1935년 탄생 당시에는 「초콜릿 크리스프」라고 불렸고 그로부터 2년 뒤 킷캣이라는 단어가 붙어 「킷캣 초콜릿 크리스프」로 불리게 되었다. 1930년대에는 「킷캣」과 「초콜릿 크리스프」의 두 단어가 분리되지 않았고, 원조는 어디까지나 「초콜릿 크리스프」였다.

킷캣의 청색 포장지

　1935년 킷캣 탄생 후 4~5년이 지난 1939년에 제2차 세계대전이 발발했다. 사람에 비유하면 킷캣이 아직 유아기이던 시절에 전쟁이 시작된 것이다. 영국에서도 모든 사람이 전쟁에 동원되었다. 라운트리 사를 포함하여 코코아나 초콜릿 제조사들도 각각 도매업자와 함께 1940년대 초반에 코코아·초콜릿 통제위원회를 결성하여 국가 식량통제의 지도하에 들어가게 되었다.

　전쟁이 시작되고 원재료가 부족해지자 식료품의 가격이 뛰었다. 1941년 5월 국민에게 공급할 초콜릿 가격의 통제가 필요해지면서 각 제조사는 통제 대상 제품을 신청하라는 지시를 받았다. 제품에 변경 사항이 있다면 서류에 병기해야 했다. 라운트리 사는 「킷캣 초콜릿 크리스프」를 통제대상으로 신청했다. 6월에 실시된 위원회 회의 자료에 신청품 목록이 첨부되었는데, 라운트리 사는 비고란에 제품명을 단순하게 「킷캣」으로 하겠다고 적었다[10].

「킷캣」이라는 말을 들으면 빨간색과 흰색의 포장지를 떠올리는 사람이 많을 것이다. 그러나 킷캣에는 「청색의 시대」가 있었다. 파란색 포장지를 사용했던 제2차 세계대전 당시가 그때를 말한다.

1942년에 사용된 파란색 포장지의 실물이 있다[11](그림1). 거기에는 「초콜릿 제조에 사용되는 우유를 충분히 입수할 수 없어 평화로운 시기peace-time에 드시던 초콜릿 크리스프는 지금 만들 수 없습니다. 킷캣은 현재 조달할 수 있는 원재료로 만들 수 있는 가장 가까운 맛입니다」라고 적혀 있다. 부족한 재료로 만들었기 때문에 이 제품은 「초콜릿 크리스프」가 아니라 단순히 「킷캣」이라는 의미이다. 파란색 포장지와 단독으로 쓰인 「킷캣」이라는 단어에는 초콜릿용 원재료의 수급이 충분치 않은 「겨울의 시대」, 「전시war-time」가 반영되어 있다. 포장지에 적힌 「peace-time」이라는 단어에는 모두가 만족스러운 초콜릿을 먹을 수 있는 평화로운 시대가 **빨리** 다시 찾아오길 바라는 마음이 담겨 있는 것처럼 보인다.

「킷캣」이라는 명칭이 「초콜릿 크리스프」에서 분리되어 단독으로 쓰이게 된 것은 전쟁 중인 1941년이 시작이었다. 「활동적인 사람의 필수품(What active people need)」가 전쟁 중 킷캣의 광고 문구였다. 킷캣은 배급품으로 전쟁 중에도 생산되었다.

3. 전쟁터에서의 초콜릿

정글 초콜릿

초콜릿은 전쟁터에서 실전에 임하는 병사에게도 귀중한 열량보충식량이었다. 라운트리 사는 병사들의 배급식품으로 비타민이 첨가된 각종 초콜릿을 제조했다[12](그림 6-12). 「퍼시픽 & 정글 초콜릿」이라는 기온이 높은 열대지역에서도 녹지 않는 초콜릿도 만들었다. 고칼로리 초콜릿은 전시 휴대품에서 빠질 수 없는 식품이었기 때문에 녹지 않는 초콜릿은 아마 싱가포르나 버마(지금의 미얀마) 전선의 영국 병사에게 배급되었을 것이다. 열대에서도 녹지 않는 초콜릿의 주원료는 도대체 무엇이었을까.

PACIFIC
AND JUNGLE
CHOCOLATE

U.S.ARMY
FIELD RATION
ROWNTREE & CO. LTD.

VITAMINISED
CHOCOLATE

*Made to withstand high temperatures
for the armies in tropical climates.*

*Specially packed and known as Ration
"D", used by the American Forces.*

그림 6-12 제2차 세계대전 중, 라운트리 사가 제조했던 종군병사용 초콜릿
(왼쪽)「퍼시픽 & 정글 초콜릿」, (오른쪽)「비타민 첨가 초콜릿」
(전시의 코코아 제품, 요크대학교, 보스윅 역사연구협회 소장)

일본의 글루 초콜릿

열대에서 녹지 않는 초콜릿이 제조된 것은 영국뿐만이 아니었
다. 사실 제2차 세계대전 중에 일본에서도 녹지 않는 초콜릿의 개
발이 진행되었다.

1920~30년대에 일본에도 초콜릿이 서서히 알려졌는데, 쉽게 입
수할 수 있었던 것은「구슬 초코」,「막대 초코」였다. 다이쇼 시대
(1912년~1925년)에 도쿄에서 과자도매업을 운영하던 다케우치 마사하
루(후에 다이토카카오 사장)는 1918년 아이치 현으로 가는 귀성길에 올랐
을 때 모리나가 제과의「구슬 초코」를 특산품 선물로 가지고 갔다.
「구슬 초코」는 속에는 크림이 들어가 있고 겉은 초콜릿으로 코팅
되어 있었다. 초콜릿 과자를 처음으로 본 다케우치의 누나는 겉의
초콜릿이 먹는 것인 줄 모르고 손톱으로 초콜릿을 벗긴 다음 속에

든 크림만 먹었다. 갈색의 고형물질이 식품이라는 개념이 아예 없었을 것이다.

1923년에 다케우치는 초콜릿 제조에 뜻을 두고 모리나가의 공장을 방문했다. 창업자인 모리나가 다이치로가 직접 공장에서 일하고 있어서 기계나 제조방법을 성실하게 설명해주었다. 모리나가 다이치로가 견학을 마친 뒤에 그를 점심식사에 초대하여 초콜릿 제조에 대해 열정적으로 이야기해주었다[14]. 자극을 받은 다케우치는 스위스 뷜러 사의 기계를 구입하여 1929년에 카카오 콩에서 초콜릿을 만드는 데 성공하여 다케우치 상점이란 이름으로 원료 초콜릿 도매업을 시작했다. 모리나가에서는 225그램 한 상자가 2엔이었으므로 다케우치 상점에서는 1엔 80전에 팔았다.

도매를 시작하자 원료 초콜릿이 날개 돋친 듯 팔렸다. 쇼와 시대(1926년~1989년)에는 초콜릿 가공업자가 늘어 원료초코를 매입한 뒤「구슬 초코」등으로 가공하여 팔았다. 1933년에 다케우치 상점에서는 네 명이 하루에 1톤을 생산했는데도 재료를 상자에 넣기가 무섭게 팔려서 재고가 남는 일이 없었다. 일본인도 초콜릿 맛에 점점 익숙해졌던 것이다[15].

전쟁이 발발하자 경기 좋은 시절도 끝났다. 1940년 12월을 마지막으로 카카오 원두 수입이 중지되었고 군의 의약품, 식료품 제조를 위해 지정된 업자에게만 군대를 통해 말레이시아에서 수송된 카카오가 배급되었다. 의약품으로는 코코아 버터를 이용해 해열

제나 좌약을 만들었다.

다케우치 상점은 다이토 제약 공업주식회사로 명칭을 바꾸고, 해군성의 주문으로 항공기와 잠수함에서 쓸 「졸음방지 식량」과 「보양식」을 만들었다. 비행기 조종사는 귀로에서 최면에 걸린 것처럼 졸음이 온다고 한다. 졸음을 쫓기 위해 초콜릿에 카페인을 섞은 것이 「졸음방지 식량」이었다. 항공기용 졸음방지 식량은 제조가 간단했지만 잠수함용은 만들기 어려웠다. 잠수함 내부는 섭씨 40도까지 오르므로 「녹지 않는 초콜릿」이 필요했고 다이토 제약에서는 특수한 기계로 압축한 「녹지 않는 초콜릿」을 제조했다[16].

남방전선에서는 현지의 카카오를 사용하여 군용 초콜릿을 생산했다. 육군과 해군의 요청으로 모리나가 제과는 50명의 종업원을 인도네시아로 파견하여 1942년부터 초콜릿 생산을 맡았다. 메이지 제과도 육·해군의 요청을 받아 1943년부터 인도네시아에서 「녹지 않는 초콜릿」 생산을 시작했다. 열대에서 「녹지 않는 초콜릿」은 아마 코코아 버터 대신 녹는점이 높은 유지를 사용했을 것이다.

1940년부터 1950년까지 10년간 일본 국내로 들어오는 카카오 수입이 멈췄기 때문에 대용품을 사용한 「초콜릿」 개발이 진행되었다. 단맛을 내기 위해 설탕 대신 글루코스(포도당)를 사용했기에 「글루 초콜릿」이라는 이름으로 불렸다. 카카오 대신 주원료로 사용된 것은 백합 뿌리, 튤립 알뿌리, 오크라, 치커리, 감자, 팥 등이었다. 코코아 버터 대신에는 콩기름, 야자유, 생달나무 기름 등을 사용했다.

여기에 바닐라로 향을 가미하면 「글루 초콜릿」이 완성되었다[17].

제2차 세계대전 이후에 일본산 초콜릿이 부활하기 전까지 주둔한 군인들에게 「기브 미 초콜릿」이라고 조르던 이야기가 잘 알려져 있다. 당시에는 주둔한 군대가 준 허시 사의 초콜릿이 암시장에서 돌았다.

제7장
초콜릿의
세계 시장

1. 초콜릿의 전국적인 규모 확대

중산층을 위한 과자류

1945년에 제2차 세계대전이 종결되었지만 전쟁이 끝난 후 수년 동안 식료품 부족 현상이 계속되었고 영국에서는 빵, 소고기, 설탕, 버터, 치즈, 우유, 달걀 등을 배급하는 제도가 실시되었다. 당시 킷캣 광고에는 「제공 가능한 상품은 전국에 평등하게 배포되고 있습니다. 상점주들도 각자 제한된 상품을 손님들께 평등하게 나눠드리기 위해 애쓰고 있습니다」라는 문구가 적혀 있어서 영국 제2차 세계대전 이후의 분위기를 알 수 있다[1].

머지않아 식료품 사정은 평상시로 돌아왔으며 익숙한 적백색의

그림 7-1 킷캣 광고
(요크대학교, 보스윅 역사연구협회 소장)

포장지도 부활했다. 거기에는「Four Crisp Wafer Fingers KitKat(네개의 크리스프 웨이퍼 핑거즈 킷캣」이라고 인쇄되어 있었다. 전시에는 분리되어 있던「Crisp」와「KitKat」이라는 단어가 다시 합쳐진 것이다. 라운트리 사가 아삭아삭하고 사각사각한 식감을 표현한「Crisp」를 강하게 고집했음을 엿볼 수 있다.

전쟁이 끝나자 킷캣의 판매도 본격적으로 확대되었다. 킷캣을 어떻게 홍보할 것인가를 고민한 킷캣의 광고에는 판매 전략에서 시행착오를 겪은 흔적이 엿보인다. 그림 7-1에는 세련된 옷을 입은 여성이 오후의 티타임에 고상하게 킷캣을 먹는 이미지가 디자인되어 있다. 은식기 위에 레이스 페이퍼가 깔려있고 깔끔하게 자른 킷캣이 핑거 비스킷처럼 나란히 놓여있다. 정숙한 여성이 품질 좋은 비스킷을 음미하는 듯한 분위기가 느껴지지 킷캣이 바삭하게 부서지는 소리가 들리지는 않는다.

그림 7-2 킷캣 광고
(요크대학교, 보스웍 역사연구협회 소장)

이와 대조적으로 그림 7-2에는 건장한 남자아이가 등장한다. 킷캣이 바삭하게 부서지는 소리가 들리는 것 같다. 이 이후의 킷캣 광고에는 「고상함」의 노선을 버리고 뚝 잘라서 「쉽게 먹을 수 있는 특징」을 강조하는 노선을 유지했다.

킷캣의 광고 문구에는 제2차 세계대전 이후의 세태가 반영되어 있는데, 전후에는 배를 채우는 것이 최우선 과제였기에 「The meal between meals!(식사 사이의 식사)」라는 문구에서 점심과 저녁 식사 사이에 홍차와 함께 배를 채울 수 있는 간식으로 최적이라는 사실에

(왼쪽)그림 7-3 「The biggest little meal in Britain!(영국에서 가장 큰 간식)」
(요크대학교, 보스윅 역사연구협회 소장)
(오른쪽)그림 7-4 중산층 주부와 킷캣
(요크대학교, 보스윅 역사연구협회 소장)

호소하고 있다는 사실을 알 수 있다[2].

「The biggest little meal in Britain!(영국에서 가장 큰 간식)」이라는 문구로 먹보의 식욕을 자극하기도 한다[4](그림 7-3). 이 문구는 여러 일러스트와 함께 홍보되었는데 그 중 하나는 마치 교외 주택에 사는 현명한 주부가 가사에 힘쓰고 있는 듯한 일러스트가 들어 있는 광고도 있었다(그림 7-4). 「오후 집안일을 하는 사이에 즐길 간식으로 추천합니다」라는 느낌의 그림이다. 이 일러스트에는 「단돈 2펜스로 2시간 동안 안정적으로 영양을 보충할 수 있습니다」라는 문구와 다음과 같은 상세 설명이 붙어 있다.

> 「최고 품질의 버터와 크림이 많이 든 우유를 사용하여 만든 초콜릿 사이에 끼워진 비스킷입니다. 이처럼 독특한 초콜릿 코팅 과자는 혈당치를 부드럽게 상승시키므로 당신이 장시간 기운나도록 돕습니다. 이것이 the biggest little meal인 이유입니다. 당신에게 어떤 일도 너끈하게 해낼 수 있는 에너지를 줄 것입니다.」

아마도 중산층의 주부를 포함하여 폭넓은 계층에 킷캣을 홍보하려던 전략이었을 것이다.

영국인의 식생활이 풍요로워진 시대를 반영한 문구로 「two-course meal for 2d and butter free!(2펜스로 두 가지 요리를 즐길 수 있습니다. 버터는 들어있지 않습니다)」가 있다[4]. 「Two-course」요리란, 스프, 생선, 고기, 디저트 등의 종류에서 2가지를 선택할 수 있는 식사를 말한다. 요리가 많은 식사를 일상적으로 즐길 수 있게 되어 맛의 다양성을 즐기는 소비자의 기호가 반영되어 있다. 요리의 수가 늘면 칼로리의 과다 섭취가 걱정된다. 「butter free」에는 초콜릿과 웨이퍼의 두 가지 맛을 즐길 수 있음에도 불구하고 버터를 사용하지 않아 칼로리는 높지 않다는 점을 강조하고 있음을 알 수 있다.

다이어트에 민감한 소비자가 등장한 한편, 달콤함을 좋아하는 대식가도 건재했을 것이다. 12개들이, 24개들이의 킷캣 세트도 출시되었다. 여기에는 「A tip for tea!(홍차와 함께 한 입!)」이라는 문구가 붙어 있다[5]. 다 함께 모여 킷캣을 먹는 가족이나 오후 휴식시간에 담소를 나누며 직장에서 킷캣을 즐기는 동료들의 모습이 일러스트에 보인다.

「Have a Break」 전략

식사 자체가 풍요로워지자 킷캣을 「식사meal」로 표현하는 전략은 끝이 났다. 대신 시작된 것이 「Have a Break잠깐 쉬세요」전략이다 (그림7-5). 그때까지는 포장지에 「Four Crisp Wafer Fingers KitKat」이란 문구로 「크리스프」, 「킷캣」의 병기가 이어져 있었으나 「Have a Break」전략이 시작되면서 「크리스프」라는 말이 사라졌다. 또한

그림 7-5 「Have a Break」전략
(요크대학교, 보스윅 역사연구협회 소장)

포장지에 쓰어 있던 「made by only Rowntree라운트리 오리지널 제품」이라는 문구도 사라져 「Have a Break, Have a KitKat잠깐 쉬세요, 킷캣을 먹어요」라는 문구만 인쇄하게 되었다[6]. 사람들이 「휴식시간break」에 어울리는 간식으로 킷캣을 떠올릴 수 있도록 포장지에 사용하는 문구를 정리한 것이다. 이렇게 킷캣은 「크리스프」와 떨어져 독립했다. 그러나 킷캣의 코팅된 초콜릿 표면에 「라운트리」라는 회사명이 새겨져 있으므로 소비자는 핑거를 먹을 때마다 라운트리의 이름을 발견할 수밖에 없었다.

1962년 5월의 포장지에는 「Have a Break」라는 문구가 아직 인쇄되어 있지 않으나 11월 포장에는 「Have a Break, Have a Kit-Kat」이 등장했다. 지금도 계속되고 있는 이 문구는 1962년 가을부터 시작된 듯하다. 영국에서 대량생산·대량소비의 경제성장이 본격화된 시기에 해당한다. 킷캣은 경제성장기의 시민들의 생활에 맞춰 바쁜 일을 하는 오후에 한숨 돌리면서 즐길 수 있는 과자로 판매되었다. 광고에는 남성도 휴식시간에 가볍게 즐기기 쉬운 제품이라는 점도 강조되었다(그림7-6).

그림 7-6 킷캣 광고
(요크대학교, 보스윅 역사연구협회 소장)

영국 사회에서는 「휴식시간」이 심오한 의미를 가진다. 노동자 계급에게 오후 휴식시간은 노동자로서 획득할 수 있는 권리의 하나이다. 고된 노동에 장시간 종사하는 사람들에게 오후의 칼로리 보충은 빠질 수 없었기에 공장 노동자가 증가하자 노동자들은 힘을 모아 「휴식시간」이 반드시 필요하다는 점을 경영자에게 알리고 휴식시간을 획득했다. 술을 마셔 힘을 내는 방법이 아니라 오후의 긴 노동시간의 틈에 홍차와 단 음식으로 기운을 보충하는 「티 브레이크tea break」가 사회적으로 확립되어 간 것이다. 「휴식시간」에는 영국 사람의 노동과 영양보충의 역사가 반영되어 있다.

1950년대 후반부터 1960년대 전반은 영국에서 풍요로운 사회가 실현되고 소비지출이 확대된 시대이다. 평균 임금이 1950년에 7.5파운드였는데 1955년에는 11파운드, 1964년에는 18파운드 정도로 국민 소득이 급속하게 상승했다. 소비자 지출은 1952~64년에 45% 상승하여, 자동차, 텔레비전, 가전제품의 구입이 이어졌다[7]. 그와 더불어 식비와 음료의 지출이 확대되는 등 소비자의 기호는 급속도로 변화해 갔다.

표 7-1은 초콜릿 코팅 비스킷 소비의 신장세를 보여준다. 1950년은 53톤이었으나 59년에는 105톤으로 늘었다. 10년 동안 소비량이 약 두 배로 늘어난 것이다. 일반 비스킷보다 초콜릿이 코팅된, 두 가지 맛을 즐길 수 있는 부가가치가 높은 상품 쪽이 소비자를 매료시켰다.

영국 국내에서도 킷캣의 판매 양상은 지역에 따라 달랐다. 표 7-2는 인구 천 명당 킷캣 소비량을 보여준다. 스코틀랜드나 영국

표 7-1 영국의 비스킷 소비량

(단위: 톤)

	초콜릿 코팅 비스킷	비스킷 전체
1950	53	343
1951	73	409
1952	93	426
1953	91	459
1954	84	469
1955	90	484
1956	104	511
1957	115	519
1958	110	523
1959	105	514

(출처 : Rowntree and Co. Collections R/DD/MG/2 를 바탕으로 저자 작성)

표 7-2 인구 1,000 명당 킷캣 소비량

(단위 : 톤/1,000 명)

스코틀랜드	0.43
영국/스코틀랜드 경계 지역	0.42
영국 북부	0.31
미들랜드	0.26
영국 서부·웨일즈	0.19
런던·영국 동부	0.25

(출처 : Rowntree and Co. Collections R/DD/MG/2/4 를 바탕으로 저자 작성)

과 스코틀랜드의 경계지역에서의 소비량이 크다는 것을 알 수 있다. 북부 지역의 사람들이 킷캣을 자주 먹는다는 것을 의미한다.

왜 북부에서 더 사랑을 받았을까? 짐작되는 이유는 스코틀랜드의 유명한 전통식 중에 하나인 오트케이크(귀리로 만든 비스킷)에 있다. 귀리는 날씨가 추운 스코틀랜드 지역에서 재배되는 주요곡물 중 하나로 스코틀랜드의 각 촌락에는 귀리를 빻는 공동제분소가 있었다. 귀리는 글루텐 함유량이 적기 때문에 구워도 빵처럼 부풀지 않고 웨이퍼처럼 편평하게 구워진다. 오트케이크는 중세 무렵부터 스코틀랜드의 주식이었다. 킷캣은 초콜릿 코팅 비스킷으로 분류되었는데 킷캣 속에 들어있는 웨이퍼가 오트케이크를 일상적으로 먹던 브리튼 섬 북부 소비자의 기호에 잘 맞았을지 모른다.

「Have a break」 전략은 오후에서 저녁에 걸친 「티 브레이크」 시간대에 사람들이 킷캣을 먹는 것을 목표로 했기 때문에 라운트리사 내에서는 「황혼Twilight」 전략이라고 불렀다[8]. 소비자 조사에서도 실제로 기력이 보충되는 느낌과 함께 배도 더부룩하지 않아서 오후에 쾌적한 컨디션을 지속할 수 있는 「기분 전환」용 식품이라는 호의적인 평가를 얻었다.

TV 시대의 부산물

라운트리 사는 텔레비전 광고도 빠르게 시작했다. 영국에서는 1954년에 광고를 수입원으로 하는 텔레비전 방송망인 ITV(독립 텔레비전 방송망)를 설립하는 법안이 가결되었다. 영국의 텔레비전 시청

표 7-3 라운트리 사의 각 상품에 투입한 광고비 (1955~1958년)

(단위 : 파운드)

상 품 명	1955	1956	1957	1958
	광고비	광고비	광고비	광고비
껌·사탕	190,083	196,332	299,476	322,761
킷캣 *	115,947	122,092	173,331	225,739
폴로	247,467	247,246	179,554	173,802
스마티스	112,464	114,455	154,876	173,288
데일리 박스 *	113,179	103,201	137,591	169,529
젤리 류	143,880	175,988	146,772	150,691
에어로 *	83,496	113,618	115,200	133,496
블랙 매직	104,964	84,575	109,667	114,492
코코아	35,741	25,628	29,481	18,142
기타	50,262	28,400	75,986	94,222

* 은 초콜릿 과자.

(출처 : Rowntree and Co. Collections R/DF/AA/44/5-6 을 바탕으로 저자 작성)

표 7-4 킷캣 광고비 : 각 미디어에 투입한 광고비의 비율(1956~1958년)

	1956	1957		1958	
	파운드	파운드	비율	파운드	비율
신문·잡지	-	240	0.1	50,514	22.4
포스터	90,367	77,826	44.9	16,703	7.4
텔레비전	-	63,404	36.6	113,798	50.4
견본 카드	10,956	19,156	11.1	18,484	8.2
기타	20,769	12,705	7.3	26,240	11.6
합계	122,092	173,331	100.0	225,739	100.0

(출처 : Rowntree and Co. Collections R/DF/AA/44/5 를 바탕으로 저자 작성)

자는 1946년에 만 5,000명이었고 1956년에는 500만 명이 넘었다 (1956년 영국 총인구는 약 5,100만 명). 텔레비전 수상기 대수는 1960년에 1만 대에 달했다[9]. 이제 텔레비전이 광고 미디어로 위력을 발휘하는 시대로 돌입했다. 이런 흐름에 잘 대응하면 수요를 확대할 가능성이 있었다. 라운트리 사는 이런 변화를 예상하고 텔레비전 CM에 대해 일찌감치 준비를 해두었다. 킷캣의 텔레비전 광고가 처음으로 시작된 것은 1955년이다[10].

표 7-3은 1955~58년에 라운트리 사가 각 상품에 투입한 광고비의 변화이다. 킷캣과 캔디 류의 홍보에 주력을 쏟았음을 알 수 있다. 표 7-4는 1956~58년에 킷캣에 들어가는 광고비 가운데 각 광고매체에 투입한 광고비의 비율을 보여준다. 1957년에는 텔레비전 광고의 비율이 36.6%였는데 다음해인 1958년에는 50.4%로 뛰었다. 표 7-5는 각 상품의 매출액이다. 텔레비전 광고 효과가 발휘

표 7-5 1957년 각 상품의 선전비와 매출액

(단위 : 파운드)

상품명	선전비	매출액
껌·사탕	299,476	3,063,928
킷캣 *	173,331	4,014,369
폴로	179,554	1,262,456
스마티스	154,876	2,749,422
데일리 박스 *	137,591	2,628,917
젤리 류	146,772	1,617,787
에어로 *	115,200	3,171,794
블랙 매직	109,667	2,407,386
코코아	29,481	4,246,222
기타	75,986	82,928

* 은 초콜릿 과자.

(출처 : Rowntree and Co. Collections R/DF/AA/44/5 를 바탕으로 저자 작성)

되어 킷캣의 매출은 큰 폭으로 오른 것이다.

표 7-6는 1958년 라운트리 사에서 상정한 각 과자류의 생산예정량이다. 킷캣 생산 예상치가 가장 커서, 킷캣은 확고부동한 라운트리 사의 주력상품이었다는 걸 알 수 있다. 킷캣은 텔레비전 선전의 혜택을 많이 받았으며, 1960년대 초반에는 라운트리 사의 킷캣이 아닌 「킷캣의 라운트리 사」가 되었다.

텔레비전에서 나가는 광고는 어떤 광고였을까. 1950년대 후반에 방송된 광고는 다음과 같다[11]. 중년의 중산층 주부가 주방에서 일을 마치고 한숨 돌리면서 오후에 마실 차를 준비하기 시작한다. 킷캣을 바삭거리는 소리를 내며 쪼개고는 킷캣 내부의 웨이퍼가

표 7-6 1958년 각 상품의 생산 예정량

(단위: 톤)

껌·캔디류	4,300
킷캣 *	17,400
폴로	4,200
스마티	7,200
딜리 박스 *	5,900
젤리 류	10,200
에어로 *	3,500
블랙 매직	6,200
코코아	1,500

* 은 초콜릿 과자.

(출처 : Rowntree and Co. Collections R/DF/CC/9 를 바탕으로 저자 작성)

든 모습을 「크리스프」라는 단어로 설명한다. 「밀크 초콜릿」으로 코
팅된 「네 개의 핑거 비스킷」, 「라운트리 사 제품」 등의 단어가 인상
에 남도록 구성되어 있다.

이 시기의 광고에는 15초 동안 킷캣을 먹는 다양한 사람들이 등
장했다. 등장하는 사람은 반드시 두 명으로, 홍차를 마시는 모습
이 나온다. 회사에서 사무직으로 일하는 두 명의 여성이 타자를
다 치고 난 후 킷캣, 남녀 경찰관이 마을의 상점에 들어가 선 채로
홍차를 마시면서 킷캣, 일요일에 일하는 남편의 곁에 아내가 홍차
를 두 잔 들고 와서 킷캣, 식당 뒤편에서 일하는 노동자 남성이 복
도에서 홍차 잔을 들고 킷캣, 여학생 두 명이 춤 연습을 마치고 킷
캣, 탁구 치던 남자 대학생이 한차례 경기에 열중하다 킷캣. 이런
식으로 노동자 계급부터 중산층까지 남녀노소, 다양한 직업의 사

람들이 무언가 일을 하는 사이사이에 잠시 휴식을 취하는 장면이 클로즈업 된다. 많은 사람이 일어선 자세 그대로 둘이서 함께 킷캣을 먹는다. 「크리스프」, 「밀크 초콜릿」, 「네 개의 핑거 비스킷」, 「라운트리 사 제품」이라는 네 가지 문구와 함께 아삭거리며 쪼개먹기 쉽고 짧은 시간에 한입 베어 먹는 데 최적이라는 콘셉트를 보여준다.

1960년대 전반에는 「가족」이 주제가 되었다. 30초로 늘어난 광고시간 동안 가족이 차에 타고 휴가를 보내는 다양한 장면이 클로즈업되었다. 호수, 바다, 드라이브 등 행복한 가족의 이야기를 묘사하며 「Have a break, Have a KitKat」이라는 문구와 함께 경쾌한 광고음악이 흘렀다[12].

1960년대 말부터 70년대까지는 한 사람이 일하는 동안 킷캣을 먹는 장면이 많이 등장하게 되었다. 배관공이 일을 마치고 나서 킷캣, 아이가 혼자서 프라모델을 조립하고 킷캣, 학생이 책을 읽다가 킷캣, 여성이 화장을 마치고 집을 나서기 전에 킷캣[13]. 이처럼 킷캣 광고의 변천에는 「둘이서 홍차」의 시대부터 「여유 있는 가족의 일상」, 「개인」 등 사회의 변화가 반영되어 있다. 웨이퍼와 초콜릿의 두 가지 맛을 즐길 수 있는 킷캣은 다른 초콜릿 과자와 차이점이 명확해서 고유의 특징을 강조하기가 쉬웠다. TV 광고의 물결을 타고 「티 브레이크」에 적합한 대중 대상의 과자로 이미지가 정착되어 라운트리 사의 간판 과자의 지위를 확고하게 다졌다.

라운트리 사는 영상미디어를 이용하여 풍요로운 시대의 소비자를 사로잡는 데 적극적으로 나섰다. 1964년에는 베니스에서 개최된 국제광고필름 페스티벌에 킷캣 광고를 출품하여 당당히 우승을 거머쥐었다[14].

국제적인 맛의 모색

킷캣은 1950년대 전반까지는 영국 국내에서만 판매되던 과자였으나 1950년대 후반부터 세계시장을 주시하게 되었다. 최초로 진출을 검토한 곳은 미국 시장이었다. 미국에서는 홍차를 마시는 습관이나 국민적인 「티 브레이크」 습관이 없었다. 미국은 과자의 분류도 달랐다. 미국에서의 킷캣은 스니커즈 같은 캔디바로 분류되었다[15].

캔디바는 아이를 대상으로 한 과자로, 어른들이 먹는 음식으로 인식되지 않았다. 미국에서 어떤 계층을 대상으로 킷캣을 홍보해야 할지 국제화에 대응한 이미지 전략을 찾기 시작했다.

모든 계층의 남녀노소를 대상으로 제품을 홍보했던 영국에서의 전략과는 달리 미국에서는 아이만을 대상으로 제품을 홍보했다. 1957년부터 2년 동안 미국 중서부와 북동부의 아동 대상 방송에 초코바 이미지의 광고가 방송되었다. 「하나의 초코바에 초콜릿 크런치가 4개 들어있다」는 내용으로, 아이들이 자기도 모르게 손에

그림 7-7 미국에서 방송된 텔리비전 CM「비밀의 소리」
(요크대학교, 보스윅 역사연구협회 소장)

쥐고 싶어지는 광고문구가 사용되었다.

　아동만을 대상으로 할지 어른에게도 판매할지에 대해 미국에서 2~3년 동안 시행착오가 계속되었다. 1960년에 만들어진 어린이 대상 CM으로 「비밀의 소리secret sound」가 있다(그림 7-7). 시청자와 동년대의 귀여운 소년탐정을 등장시켜 아삭아삭, 사각사각이라는 비밀스러운 수수께끼의 소리를 들려준다. 이 소리는 킷캣을 먹은 사람만이 들을 수 있다. 이게 무슨 소리지? 소년탐정이 소리의 비밀을 푼다. 알쏭달쏭한 수수께끼를 푸는 사이 킷캣의 독자성, 즉 초콜릿으로 감싸인 펑거의 맛이 강조된다. 이 광고는 비밀스런 소리의 매력으로 배고픈 아이들의 마음을 빼앗는 작전으로, 주로 저녁 무렵에 방송되었다[16]. 이윽고 1969년에는 미국 허시 사와 라이센스 계약을 맺어 미국에서도 널리 알려진 친숙한 과자가 되었다.

라운트리 사는 1969년에 영국 초콜릿 메이커 매킨토시 사와 합병하여 라운트리 매킨토시 사가 되었다. 일본에서는 후지야不二家가 라운트리 매킨도시 사와 제휴하여 1973년부터 킷캣을 판매했다. 이후 적백색 포장의 킷캣이 일본에서도 잘 알려지게 되었다. 일본의 텔레비전 광고에서는 버킹엄 궁전의 붉은 제복 근위병의 교대 장면으로 적백의 킷캣을 홍보했다. 「이 근처에서 잠깐 쉴까요, 킷캣!」이라는 광고 나레이션을 떠올리는 사람도 있을 것이다. 일본의 텔레비전 광고에서는 계약 관계 때문인지 「매킨토시 사의 킷캣」이라는 문구가 화면에 등장했다.

버킹엄 궁전의 근위병을 클로즈업한 일본 TV광고는 「영국」이라는 이미지를 강조하려는 의도일 것이다. 영국 국내에서 국민적인 「홍차와 휴식시간」의 이미지로 홍보했던 킷캣의 오리지널 광고와는 상당히 다르다. 일본인은 킷캣이 오랜 시간 영국에서 사랑받은 초콜릿이라는 사실을 모르기 때문에 왜 버킹엄 궁전의 근위병을 배경으로 킷캣을 광고하는지 이해하기 어려웠을 것이다.

2. 글로벌 과자류의 시대

국제적인 초콜릿 시장

　1950~60년대에 각 나라 내에서만 판매되던 초콜릿이 세계 시장
으로 뻗어나간 것은 영국뿐만이 아니라 다른 나라에서도 동일했
다. 가령 벨기에의 경우 1958년에 열린 브뤼셀 만국박람회를 계기
로 벨기에 초콜릿이 국제적으로 유명해졌다. 이 이전에 벨기에에
서 초콜릿은 가족이 경영하는 가게에서 제조·판매되는 경우가 많
았다. 작은 가게에서 초콜릿 제조나 판매에 도움이 될 연구를 거
듭해 갔다.

　예를 들어, 노이하우스는 1912년에 판매를 시작한 프랄린을
1915년에 「발로틴」이라고 부르는 원추형 패키지에 넣어 팔기 시
작했다. 이 모습이 신기해서 인기 상품이 되었다. 1935년에는 코
코아 버터만 사용하고 카카오를 쓰지 않은 화이트초콜릿 프랄린
이 출시되었다. 갈색 초콜릿의 세계에 흰색이 사용된 것처럼 보여
색의 모양이나 베리에이션을 즐길 수 있게 되었다. 벨기에의 기업
레오니다스는 1936년에 거리와 마주한 오픈형 상점을 시작하여
대성공을 거두었다. 이렇게 가족 경영의 자영업자가 거듭된 연구
의 결과로 손님의 주목을 모으고자 했다.

제2차 세계대전 이후에도 베이커리를 겸하여 과자류를 파는 가족 경영 중심의 가게들이 해당 지역 사람들의 수요를 채웠다. 이 상황에 변화가 생긴 것이 1958년 브뤼셀 만국박람회였다[17]. 산업 정책으로 초콜릿 등 식품공업의 홍보가 적극적으로 시작되었다. 만국박람회를 계기로 코트도르 사가 해외시장에 진출하게 되었고 1960년대에 벨기에 초콜릿이 차례로 외국 기업의 관심을 모으게 되었다.

가족경영으로 독자적인 맛을 추구하던 벨기에 자영업자들의 상품을 적극적으로 개척하기 위해 접근한 것이 미국의 식품회사였다. 고디바는 1926년 브뤼셀에서 창업한 가족경영의 상점이었으나 1960년대에 미국 캠벨 스프 사의 사장이 갑자기 가게를 방문하여 가게를 통째로 매입하겠다는 교섭을 시작했다. 맨 처음 캠벨 스프 사가 보유한 것은 경영권과 수출전매권의 3분의 1이었으나 1974년에는 캠벨 스프사가 전권을 보유하게 되었다[18].

이처럼 가내공업 생산체제였던 벨기에의 자영업이 1960년대 이후에 외국기업과 계약을 맺고 다국적 기업으로 발전하게 되었다. 국제적인 홍보 전략이 빛을 발하며 벨기에 초콜릿에 대한 평판이 높아졌다.

과자 업계의 재편

  초콜릿과 과자 업계는 국제적인 합병·매수, 재편이 심했다. 벨기에의 고디바는 캠벨 스프 사로, 코트도르 사는 크래프트 푸드 사에 매수되었다.

  영국에서도 1960년대에 업계 재편의 파도가 시작되었다. 1969년에 라운트리 사는 대표적인 메이커 중에 한 곳인 매킨토시 사를 합병하여 라운트리 매킨토시 사가 되었다. 그러나 1897년에 기업화되어 90년간 경영되었던 라운트리도 마침내 합병되는 운명에 처했다. 1988년 네슬레가 라운트리 매킨토시 사를 매수했다. 이후 지금까지 세계에서 판매되는 킷캣의 브랜드 라이센스권은 네슬레가 보유하고 있다(미국은 제외. 미국의 권리는 허시 사의 소유). 일본에서도 현재는 네슬레 사의 킷캣으로 판매되고 있다. 요크에 있던 라운트리의 본사인 헥스비 공장에는 현재 네슬레 사의 간판이 세워져 있다.

  합병·매수가 된 후에도 인기상품의 브랜드 이름은 그대로 남아 판매를 계속하는 경우가 많아 일반소비자는 대개 합병을 눈치 채지 못한다. 합병·매수가 아니라 업무 제휴를 맺는 사례도 많다. 과자 업계에서 시작된 재편의 파도는 시시각각 진행되어 영국에서 가장 큰 초콜릿 메이커였던 캐드버리도 2009년에 크래프트 푸드에 매수되었다. 벨기에의 칼레보는 프랑스의 카카오 바리와 합병되었고 본사는 스위스로 옮겼다. 일본의 모리나가 제과는 이 바리

표 7-7 세계 주요 초콜릿 제조 메이커(2005년)

(단위: 백만 달러)

기업명	총 매출액
Mars Inc.	9,546
Cadbury Schweppes PLC	8,126
Nestle SA	7,973
Ferrero SpA	5,580
Hershey Foods Corp.	4,881
Kraft Foods Inc.	2,250
메이지 제과	1,693
Lints & Sprungli	1,673
Barry Callebaut AG	1,427
에자키 글리코	1,239

(출처 : The International Cocoa Organization HP, http://www.icco.org, 2010/6/30)

칼레보와 업무 제휴를 맺었다.

지금도 거대한 자본을 지닌 다국적 기업이 독자적인 시장을 보유한 기업을 흡수하는 세계적인 규모의 과자 산업 재편이 시시각각 진행되고 있다(표 7-7).

크게 보면 거대해진 글로벌 기업이 생산한 초콜릿이나 자영업으로 운영되는 공방에서 쇼콜라티에가 장인의 기술로 만든 초콜릿 가운데 하나를 먹고 있는 상황이라고 할 수 있다.

공정 무역의 모색

초콜릿 제조의 세계화와 함께 카카오 시장도 영향을 받았다. 카카오 생산은 다양한 불안 요인에 쉽게 흔들린다. 예를 들면 질병으로 인해 카카오의 대규모 흉작이 야기되는 경우도 있고 카카오 생산국의 정치적 요인으로 수출이나 생산 상황이 불안해지기도 한다.

가장 심각한 영향을 받는 것은 카카오 생산자이다. 카카오 생산자의 입장을 존중하고 생산자와 중개업자(수출 및 수입업자), 제조 메이커(코코아·초콜릿) 삼자 사이에 공정한 거래를 통해 생산되었음을 보증하는 초콜릿에서의 공정 무역에 대한 인식도 서서히 넓어지고 있다. 소비자에게도 초콜릿은 결코 저가의 식품이 아니다. 공정 무역은 소비자가 지불하는 돈이 그것을 받아 마땅한 사람들에게 전달되는 것을 목적으로 한다.

과자류와 사회

과자류가 가야 할 길
두 가지 생산 공정과 사회집단
코코아·초콜릿과 소비

과자류가 가야 할 길

카카오와 코코아, 초콜릿을 둘러싼 여정에서 무엇을 보았는가. 큰 시각으로 그림을 그려보자(그림 종장-1).

카카오는 「원료」고, 코코아와 초콜릿은 「가공식품」이다. 농산물인 카카오는 재배도 수확도 무척 수고가 많이 든다. 수확한 뒤에도 음식으로 바로 먹을 수 없다. 복잡한 가공 과정을 거친 뒤 코코아, 초콜릿으로 만들어지고 나서야 먹을 수 있다. 즉, 원료의 재배부터 가공식품의 제조까지 시간과 수고가 필요하다.

「수고로움」이란 「노동력」이 필요하다는 의미이다. 노동력이 투

그림 종장-1 생산과 소비의 관계

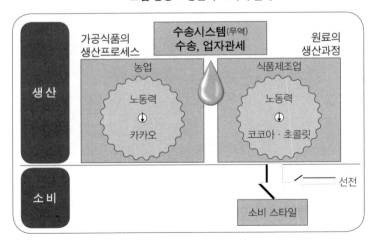

입되는 과정은 두 가지이다. 「원료인 카카오의 생산과정」과 「가공식품인 코코아와 초콜릿의 생산과정」이다. 서술 방식을 바꿔보면 제1차 산업인 농업, 제2차 산업인 식품제조업에 노동력이 투입되는 것이다.

노동력이란 인간이 일하는 것을 말한다. 인간은 잠을 충분히 자고 음식을 잘 먹어서 일할 힘을 내야 한다. 다시 말해 노동력으로서 「재생산」이 필요하다. 하지만 우리에겐 카카오 생산에 흑인노예를 혹사시킨 역사가 있다. 노동력의 재생산에 들어가는 비용을 줄여서 노동력이 전부 소모될 때까지 사용한 것이다. 이와 반대로 시봄 라운트리는 노동력으로서 자신의 시간과 노동을 팔 수밖에 없는 노동자 계급의 사람들이 어떻게 인간적이고 풍요롭게 바람직한 방법으로 노동력을 재생산할 수 있을지에 관심을 가졌다.

원료인 카카오의 생산과정과 가공식품인 코코아·초콜릿의 생산과정은 톱니바퀴와 같다. 각각 다양하고 독자적인 노동력의 재생산 방식을 가지고 생산물을 만들어냈다. 이 두 가지 생산과정, 즉 두 가지 톱니바퀴가 맞물려 돌아가면서 최종소비자가 초콜릿이나 코코아를 먹을 수 있게 되었다. 두 톱니바퀴가 서로 맞물리며 돌아가기 시작한 것은 20세기의 일이다. 순식간에 톱니바퀴가 고속으로 회전하면서 대량생산, 대량소비의 구조가 완성되었고 지금은 과자류를 둘러싼 주요 판로가 완성되어 세계의 많은 사람들이 초콜릿의 맛을 즐기고 있다.

이 두 가지 생산과정을 연결해주는 것이「무역」이다.「생산」된 것은「소비」된다. 농산물인 카카오는 소비지로 운반되고 소비지에서는 카카오를 원료로 제품을 가공한다.

「무역」은 두 가지 생산과정의 톱니바퀴가 맞물리는 부분의「연결」과「윤활유」의 역할을 한다. 윤활유가 순조롭게 두 톱니의 회전을 연결하면 두 톱니바퀴의 생산 마진을 남겨줄 생산물의 양이 증가한다.

원료의 운반에는 특유의「구조」가 있다. 수송거리가 길면 배가 침몰하는 등 리스크가 있다.「무역」, 즉 바다를 건너 국경을 넘는 수송시스템에는 수송 전문업자가 중간에 개입한다. 수송시스템의 두 가지 주요 포인트는「수송 전문업자」와「관세」이다. 수출국과 수입국의 정치경제 환경은 변화한다. 그와 더불어 수송시스템도 변한다. 19세기 영국은 보호무역체제에서 자유무역체제로 이행했다. 이것은 당시 수송시스템에 불만을 가진 계층이 수송시스템의 변화를 일으킨 사례이다. 무역을 담당하는 집단이 달라지고 관세율이 바뀌었다.

「생산」과 더불어 중요한 것이「소비」구조이다. 제조된 코코아와 초콜릿의「소비자」는 누구였는가? 원료와 가공 과정에 노동력과 비용을 투입하여 생산했는데 생산량이 적을 경우 그 제품은 희소품이 된다. 왕후 귀족 등 사회적 계층이 높은 사람들만 코코아를 누렸고 코코아를 마실 수 있는 장소에서는 고가품을 소비하는「과시적 소비」 스타일이 널리 반복되었다.

산업화가 진행되면서 생산이 대량화되고 제조비용은 감소되었다. 「대량소비」구조가 발달했다. 제품의 입수가 쉬워지면서 코코아나 초콜릿의 다양한 맛을 추구하는 부수적인 즐거움이 싹텄다.

「생산과정」에서 제조된 코코아·초콜릿이 「대량소비」되도록 촉진하는 역할을 하는 것이 「홍보」이다. 「생산과정」과 「대량소비」 시스템을 「연결하는」 기능을 맡는다. 포스터나 카드 등 종이를 매체로 사용하는 광고부터 텔레비전 CM까지 코코아·초콜릿의 「홍보」는 범위가 넓다. 「대량소비」를 성공시키는 열쇠는 「홍보」였다.

이처럼 과자류를 살펴본 여정에서 우리는 「생산」과정과 「소비」 시스템, 생산과 관련된 「노동력의 재생산」, 두 가지 생산 프로세스를 연결하는 「수송」시스템, 생산과 소비를 연결하는 「홍보」 등을 발견했다. 여러 절차와 시스템은 나라나 시대에 따라 각자 특징이 있고 그 자체도 여러 변화를 겪었다.

두 가지 생산과정와 사회집단

「원료 카카오의 생산과정」과 「가공식품인 코코아와 초콜릿의 생산과정」, 그리고 두 가지 과정을 연결하는 「수송 시스템, 무역」과 관련된 사회 집단을 간단하게 정리해보자.

카카오의 생산지는 16세기에는 중미, 17~18세기에 남미, 19세기에 아프리카 대륙으로 확대되었다. 원료 생산지가 확대되면서 시장 규모도 전 세계적으로 규모가 커졌다.

아즈텍 왕국 시대 중미에서 카카오 생산 노동력은 인디오였다. 1521년에 아즈텍 왕국이 멸망하고 식민지가 된 생산지에서는 가혹한 노동과 널리 퍼진 질병으로 의해 인디오 인구가 감소했다. 인디오는 노동력으로서 재생산되지 못했던 것이다.

부족한 노동력을 보충하기 위해 아프리카에서 흑인노예가 수입되었다. 카카오 생산자인 백인 농장주는 노동력 재생산에 드는 비용을 최소한으로 억제하기 위해 노동력이 소모되면 새로운 노예를 사왔다.

노예무역이 폐지된 뒤에는 카카오 생산지의 사람들이 농업노동력으로 활용되었다. 현대 공정무역은 현지 생산에 관련된 사람들 중에도 특히 농업노동자로서 일하는 사람들에게 적절한 임금을 지불할 수 있는지에 대해 의문을 갖고 있다.

영국에서는 17~18세기에 중상주의에 의해 보호무역이 강화되었다. 해외식민지에서 플랜테이션을 경영하는 농장주는 이익집단을 만들어 보호무역을 옹호했다. 19세기 초에 보호무역 타도에 앞장선 것이 북부 영국의 산업 자본가였다. 코코아·비즈니스를 경영했던 퀘이커 산업자본가들은 이 계보에 연결된다.

자유무역체제로 완전히 바뀐 뒤 설탕이나 카카오의 가격이 내려가자 가공식품 제조에 이점이 생겼다. 가공식품의 생산량도 소비량도 늘었고 원료 수입량도 한층 늘어났다.

「가공식품으로서 코코아의 생산과정」에는 수고가 들어가므로 전문가가 등장했다. 포르투갈 왕궁에는 「쇼콜라테이로」라는 궁정 코코아 담당관이 있었다. 17~18세기에 남유럽 가톨릭 제국에서는 돌 메타테를 사용하여 카카오 원두 분쇄를 전문으로 하는 코코아 직인 길드가 형성되었다.

19세기가 되자 코코아 제조 수공업이 성장하여 코코아 제조업에 종사하는 노동자가 출현했다. 코코아 제조는 가내공업적 생산 체제로 운영되었으며 작은 작업장에서 적은 사람의 노동자가 일했다. 경영자는 가족적인 분위기 속에서 고용한 노동자들을 배려하여 노동력을 재생산하였다.

얼마 안 있어 19세기 후반에 코코아 제조 수공업자 중에서 자본주의적 생산체제로 이행하는 경영자가 나타났다. 라운트리나 캐드버리가 이에 해당된다. 영국에서는 퀘이커의 집회를 통해 정보나 기술 교환이 일어나 동업자 집단이 성장했다. 코코아 제조가 이른 시기에 자본주의적 생산으로 전환될 수 있었는지 여부는 각 나라와 각 지방, 각 집단의 종교적 전통이 영향을 끼쳤다. 직업적 달성과 종교적 달성의 방향이 일치하는 프로테스탄트 집단은 전환이 빨랐다. 가톨릭 영향권에서는 가내수공업적 생산이 주류였다.

자본주의적 생산체제로 이행한 코코아 비즈니스 경영자들의 공장은 19세기 말부터 20세기 초까지 수천 명 규모로 성장했다. 규모가 커진 공장에서 코코아와 함께 초콜릿이 대량생산되게 되었다. 20세기 초반 코코아·초콜릿 제조업에 일하는 노동자 계급이 형성되었다. 퀘이커 경영자들은 양질의 노동력을 육성해야 했으므로 재생산에 기여하는 복지제도를 차례차례 실행했다.

두 가지 생산과정에 종사하는 노동자를 비교해보자. 카카오 원료 생산지는 남북으로 위도 20도 이내에 한정된다. 코코아·초콜릿 제조업의 공장은 19세기부터 20세기 전반까지는 선진국의 도심에 자리 잡았고 도심의 노동자를 모아 노동력으로 썼다. 선진국의 도시에 있는 공장의 경우가 노동조합이나 노동자 조직이 구석구석 문제를 살피기 용이했기에 노동조건이 개선되었다. 선진국의 입장에서 보면 열대 부근의 카카오 생산지는 멀리 떨어진 곳이다. 선진국의 소비자의 시야에는 생산지의 상황이 잘 들어오지 않는다. 20세기 후반에 등장하게 된 공정 무역 활동은 카카오 생산지의 노동 조건에 선진국의 소비자가 관심을 갖고 의식하도록 부추긴다.

코코아·초콜릿과 소비

코코아는 19세기 후반 생산체제가 정비될 때까지 「고가」의 음료였다. 코코아를 마시기까지 거쳐야 되는 과정이 많았기 때문에 코코아를 마시려면 전문 노동에 대한 대가를 부담할 수 있는 경제력이 필요했다. 소비자는 한정적이었고 원료의 수입량도 많지 않은 상황이었으므로 「소량생산」, 「고가」, 「소량소비」의 소비 구조가 완성되었다.

고가임에도 불구하고 소량으로도 소비될 수 있었던 것은 코코아가 「약품」이었기 때문이다. 「건강」에 대한 관심이 소량소비를 지속시켰다. 코코아가 등장하는 장소는 왕후 귀족의 식탁 위나 약국이었다.

희소품의 소비로 독특한 소비 스타일이 발달했다. 고가 상품으로 구성된 희소품 세트가 만들어졌다. 17세기 프랑스 귀족들 사이에 독특한 주전자나 컵받침이 발달했고 도기나 자기로 만든 쇼콜라티에나 만세리나가 코코아에 또 다른 세계를 부여하여 과시적 소비의 도구가 되었다.

그런 왕후귀족의 식탁 위에서도 코코아를 마시는 목적은 약이었다. 코코아나 초콜릿이 단맛을 즐기기 위한 「후식」으로 기능하게 된 것은 20세기에 들어서부터이다.

어떤 점을 「약」으로 간주할 것인지는 종교가 관여했다. 가톨릭 세계에서는 코코아가 약인지 식품인지를 따지는 논쟁이 길게 이어졌다. 약품, 식품의 섭취와 종교의 세계는 심오한 관련이 있었다. 종교에서 「육체」를 어떻게 위치시키는지가 중요한 문제이다.

내세와 현세의 다리 건너기를 어떻게 생각해야 할 것인가하는 「육체관」은 특히 「환생」, 신체의 소생, 부활의 문제와 연결된다.

영국의 코코아 비즈니스는 퀘이커 집단이 이끌었다. 「흔들리는 자(퀘이커)」는 육체의 떨림을 신의 세계와의 교착의 증거로 중시하는 집단으로 자신에게 내재된 「힘」을 양질로 고양해두지 않으면 안된다. 그래서 몸에 힘이나 에너지를 비축해두는 방법을 추구했다. 본연의 「재생산」 상태를 묻는 자세가 코코아 비즈니스의 밑바닥에 자리 잡고 있었으며 초콜릿 탄생으로 연결되었다.

퀘이커의 코코아 사업에서 육체의 「재생산」은 노동력의 「재생산」과 일치한다. 당시 노동자 계급의 알코올 섭취 습관을 개선하고 에너지를 충전시킬 수 있는 방법을 모색했고 그 답이 바로 코코아·초콜릿이었다.

20세기가 되자 초콜릿이 대량생산·대량소비의 시대로 들어섰다. 한편, 초콜릿의 과시적 소비 스타일이 형성되어 공장 생산의 규격품 초콜릿과는 다른 맛을 찾는 소비 방식이 등장했다. 장인의 솜씨로 규격품과는 다른 맛을 만드는 공방 초콜릿에 관심이 모이게 되어 가내수공업의 소량생산을 유지하며 특수한 프랄린의 맛을 이어가던 벨기에 초콜릿 공방이나 프랑스의 초콜릿 장인의 솜씨가 주목을 모았다.

이런 공방 중에서는 해외자본에 매수된 예도 많다. 「특수한 맛」을 표방하지만 실제로는 대량생산의 규격품 초콜릿인 경우다. 「고가」의「희소품」이라는 과시적 소비 스타일을 자극하는 판매 전략이 실시되었다. 초콜릿 한 조각마다 화려한 이름을 붙이고 패션을 강조하는 세계가 펼쳐졌다. 한편, 작은 초콜릿 공방에서 장인이 정성들여 만든 소량생산의 풍미 깊은 초콜릿이나 코코아도 여전히 존재했다.

초콜릿 세계에서는 희소성과 차이점이 강조된 다양한 맛들이 나란히 진열되어 소비자의 선택을 기다린다. 희소성이 강조된 초콜릿은「비싸다」. 이해하기 어려운 이름의 상품들이 나란히 놓여 어떤 맛인지 상상하기가 어렵다. 맛의 차이를 확인하고 싶어도 단가가 너무 비싸 일반소비자가 직접 먹어보고 비교하는 일이 생각보다 쉽지 않다. 도심의 백화점이나 쇼핑몰은 상품단가가 높은 초콜릿 숍이 즐비하게 늘어서 공간 대비 비용의 효과를 높이려고 한다.

여기서 떠오르는 것이 라운트리 사 킷캣의「청색 포장지」이다.「초콜릿 크리스프」를「킷캣」이라는 이름으로 바꾸고 평화로운 시절에 생산된 제품과는 원료도 맛도 다르다는 점을 포장지에 표시했다. 소비자와 노동자에 대한 성실한 자세가 엿보인다. 평화로운 시대에 제대로 된 제품을 만들게 되기를 바라는 마음이 청색 포장지에 담겨 있다. 과자류가 나아가야 할 목표 중 하나는 청색 포장지에 담긴 소망의 세계를 실현하는 것이 아닐까.

후기

 이 책을 쓰게 된 계기는 영국의 요크대학의 보스윅 역사연구협회에 소장된 라운트리 사 및 라운트리 가 관련의 어마어마한 양의 자료들, 바로 라운트리 콜렉션Records of Rowntree and Company이었다. 20세기 영국의 발자취를 전해주는 질과 양 모두 우수한 제1급 소장품이다. 도시사회학·지역사회학이 전공인 나는 요크 시 빈곤조사로 이름 높은 벤자민 시봄 라운트리라는 이름에 이끌려 컬렉션을 열람하기 시작했다. 20세기 영국의 복지국가 형성에 영향을 끼친 시봄 라운트리와 관련된 자료는 어떤 자료를 읽어도 흥미진진하였으며 영국 사회구조의 중층성을 실감할 수 있게 해주었다. 최고의 자료들로 만들어진 세계에 살며시 들어가 선인의 독자적인 발자취를 짚어가는 일은 깊은 기쁨을 맛보게 해주었다.

 특히 그 심오한 세계는 영국의 코코아·초콜릿의 발자취와 딱 맞아떨어졌다. 라운트리 콜렉션을 깊이 이해하려면 카카오의 종류, 코코아나 초콜릿의 제조, 공장의 구조, 노동자 조직 등에 대한 지식이 필요했다. 그런 이유에서 나의 카카오 코코아·초콜릿의 탐사가 시작되었다.

 탐사 여정에서 때때로 지나쳤던 인상 깊은 이정표가 있었다. 내가 만난 최초의 이정표는 「킷캣의 청색 포장지」였다. 라운트리 콜렉션 중에서 「청색 포장지」의 실물을 꺼내봤을 때 거기 적힌 예상치 못한 단어 「peace-time」(본서 6장 참조)에 충격을 받았다. 어째서 적백색의 포장지를 「청색」으로 바꿨을까, 왜 일부러 긴 주석을 달고 「peace-time」을 언급했을까. 「킷캣」은 단순한 초콜릿이 아니라는 생각이 들었다.

게다가 「킷캣」은 시봄 라운트리가 사장으로 일하던 시절에 개발된 제품이었다. 20세기 영국의 노동문제·복지·생활보장·빈곤에 깊이 연관된 인물은 자사의 경영에서도 성실하게 임하여 고용 노동자의 생활의 질을 향상하려고 노력했다. 그의 발자취는 영국 정계의 실력자들에게 신뢰를 얻었고 사회 복지 정책에 영향을 끼쳤다.

자료를 열람하던 내 책상 옆에서 영국 BBC 방송이 로이드 조지와 라운트리의 관계를 테마로 방송을 제작한 적도 있었다. 영국의 복지국가 형성은 20세기의 국제사회에 있어서도 하나의 모델이 되었다. 20세기의 거시적 국제사회의 발걸음에 미시적으로 「킷캣」의 행보가 관련되어 있다.

라운트리를 통해 영국 사회와 코코아·초콜릿의 관계를 짚어가면서 나는 당시와는 다른 시각으로 유럽 각국과 모든 도시를 다시 방문하였고 음식과 산업화·도시화, 사회집단의 관련성을 생각하며 거리를 걷게 되었다. 일본의 세련된 초콜릿 상점이나 공방을 돌아다니며 다양한 가게의 풍미 깊은 코코아를 즐겼던 것도 즐거운 기분 전환이 되었다.

초봄, 벨기에 브뤼헤에서 천국에서나 필 법한 영롱한 노란색 수선화들을 보며 진하고 향기로운 코코아를 맛보았다. 도쿄 마루노우치의 차분한 초콜릿 공방에서 비에 젖은 거리를 바라보며 맛보았던 일본인 쇼콜라티에가 만든 정성어린 코코아에 카카오의 참맛을 깨달았다. 라운트리 콜렉션에 몰두하는 동안 요크 대학의 시봄 라운트리 빌딩의 카페에서 8월에도 변함없이 폭풍의 언덕처럼 휘몰아치는 영국의 하늘과 바람, 구름을 바라보며 코코아로 몸을 덥혔다. 코코아나 초콜릿에는 역시 서늘한 풍경이 어울린다고 생각했다.

카카오와 초콜릿 플래너인 오가타 마유미 씨가 귀중한 사진을 이 책에 쓸 수 있도록 허락해 주었다. 또한 편집 담당인 사카이 타카히로 씨는 초콜릿의 매력이 독자에게 더 적확하게 전달될 수 있도록 다양한 편집 아이디어를 내주었다. 즐겁게 책을 만들 수 있어서 행복했던 기분이 독자에게도 전달된다면 기쁘겠다.

2010년 9월
나케다 나오코

주

서장
(1) [가사이葛西 외, 2007]
(2) [Beckett, 2000]
(3) [후쿠바福場 외, 2004, p. 52]

1장
(1) [야스기八杉, 2004, p. 144 - p. 165], [Sophie D. Coe & M. D. Coe, 1996, p. 39 - p. 43]
(2) [야스기八杉, 2004, p. 42 - p. 43], [가토加藤 · 야스기八杉, 1996, p. 84 - p. 36]
(3) [야스기八杉, 2004, p. 129 - p.143], [가토加藤 · 야스기 八杉, 1996, p. 80 - p. 83]
(4) [야스기八杉, 2004, p. 78 - p. 79]
(5) [이와이岩井, 1993, p. 130 - p. 131]
(6) [이마무라今村, 1994, p. 120]
(7) [디아스Díaz, 고바야시小林 역, 1986. p. 365 - p.368]
(8) [콜럼버스Columbus, 요시이吉井 역, 1992, p. 366]
(9) [코르테스コルテス, 이토伊藤 역, 1980, p. 187]
(10) [야스기八杉 2004, p. 100 - p. 101]
(11) [후루가와布留川, 1988]
(12) [야스기八杉 2004, p. 158 - p.165], [가토加藤 · 야스기八杉, 1996, p. 8 - p. 11]
(13) [Ferry, 2006, p. 6]
(14) [후루가와布留川, 1988]
(15) [Ferry, 2006, p. 9 - 19]
(16) [Gordon, 2009, p. 572]
(17) [히라노平野, 2002, p. 28 - p. 81]
(18) [Walker, 2007, p. 75 - p. 106]
(19) [Fisher, 1985, p. 44 - p. 57]

2장

(1) [Crawfurd, 1869, p. 205]

(2) [Cabezon, 2009, p. 607 - 610]

(3) [다카하시高橋 2006, p. 182 - p. 184]

(4) [Sophie D. Coe & M. D. Coe, 1996, p. 210 - p. 211]

(5) [Sophie D. Coe & M. D. Coe, 1996, p. 211]

(6) [가와키타川北 1996, p. 62 - p. 70]

(7) [Albala, 2007, p. 55 - p. 56]

(8) [Albala, 2007, p. 58]

(9) [Walker, 2009, p. 561 - p. 568]

(10) [Sophie D. Coe & M. D. Coe, 1996, p. 138 - p. 139]

(11) [가와키타川北 1996, p. 62 - p. 73]

(12) [Walker, 2009, p. 561 - p. 568]

(13) [Gordon, 2009, p. 570]

(14) [Gordon, 2009, p. 569 - p. 582]

(15) [Swisher, 2009, p. 177 - p. 181]

(16) [Gordon, 2009, p. 571]

(17) [Gordon, 2009, p. 572]

(18) [Gordon, 2009, p. 573]

(19) [Sophie D. Coe & M. D. Coe, 1996, p. 236]

(20) 보나우토Bonajuto (http://www.bonajuto.it)

(21) [Rose, 2009, p. 378]

(22) [후루가와布留川, 1988]

(23) [Rose, 2009, p. 377 - 380]

(24) [Melle, 1991, Van Houten, C. J. & Fabrikanten]

(25) [Melle, 1991, Van Houten, C. J. & Fabrikanten]

3장

(1) [Gordon, 2009, p. 584]

(2) [Gordon, 2009, p. 585]

(3) [Sophie D. Coe & M. D. Coe, 1996, p. 166 - p. 169], [우스이臼井, 1992, p. 59], [오자와小澤, 2010, p. 24 - p. 26]

(4) [Momsen & Richardson, 2009, p. 482]

(5) [가와키타川北, 1996, p. 56]

(6) [다키구치滝口, 1996, p. 159]

(7) [Denyer, C. H., 1893, p. 43]

(8) [Snyder et al., 2009, p. 612]

(9) [Snyder et al., 2009, p. 612]

(10) [Gordon, 2009, p. 586]

(11) [Snyder et al., 2009, p. 615]

(12) [Mintz, 1985, p. 226 - p. 335]

(13) [Snyder et al., 2009, p. 616]

(14) [Snyder et al., 2009, p. 616 - p. 617]

(15) [Rosenblum, 2005]

4장

(1) 퀘이커(Quakers, 흔들리는 자)라는 명칭은 육체의 진동(흔들림)으로 신앙을 표현하는 데서 유래했다.

(2) [야마모토山本, 1994, p. 4 - p. 77]

(3) [야마모토山本, 1994, p. 4 - p. 77]

(4) [야마모토山本, 1994, p. 20 - p. 30]

(5) [Weber, 1920]

(6) [Weber, 1920]

(7) [야마모토山本, 1994, p. 150 - p. 220]

(8) [야마모토山本, 1994, p. 158 - p. 159], [Veron, 1958]

(9) [야마모토山本, 1994, p. 153 - p. 156]

(10) [Borthwick: R & Co. 93/X/9]

(11) [Vernon, 1958]

(12) [Borthwick: 93/X/5]

(13) [Borthwick: R/DF/CS/3/1-2]

(14) [Borthwick: The C. W. M./No. 141/ Nov. 1913]

(15) [Vernon, 1958]

(16) [도쿄후게쓰도사사편찬위원회東京風月堂社史編纂委員会, 2005, p. 49 - p. 51]

(17) [모리나가 제과백년사편찬위원회森永製菓百年史編纂委員会, 2000, p. 72 - p. 73]

(18) [모리나가 제과백년사편찬위원회森永製菓百年史編纂委員会, 2000, p. 72 - p. 73]

(19) [Vernon, 1958]

(20) [Borthwick: R & Co. 93/X/8]

(21) [Rowntree, 1901]

(22) 3번에 걸친 빈곤조사에 의해 출판된 서적은 다음과 같다.

제1차 빈곤조사: *Poverty: A Study of Town Life*, Macmillan, 1901.

제2차 빈곤조사: *Poverty and Progress: A Second Social Survey of York*, Longmans, 1941.

제3차 빈곤조사: *Poverty and the Welfare State,* Longmans, 1951.

5장

(1) 전원도시운동, 레치워스 건설에 대해서는 [니시야마西山, 2002] 참고

(2) [Borthwick: NE/21/3]

(3) [Borthwick: R/DH/00/17:16]

(4) Cocoa Reworks, http://domain1308996.sites.fasthosts.com/cocoa/welcome.htm(현재 유효하지 않은 주소)

(5) [Borthwick: The C. W. M./No. 7/Nov. 1920]

(6) [오카야마岡山, 1990]

(7) [Borthwick: R/WC/2/1, Central Council Minute, 1919, July. 14th]

(8) [Borthwick: R/DL/L/25, Psychological Aspects of Management. C. H. Northcott, 1931, June]

6장

(1) [Grivetti & Shapiro, 2009, p. 750 - p. 752]

(2) [Borthwick: The C. W. M./ No. 96, Feb. 1910]

(3) [Grivetti & Shapiro, 2009, p. 750 - p. 752]

(4) [The Times, Dec. 21, 1899]

(5) 이 부분에 기술된 내용에 대해서는 아래의 공개자료와 해설, 홈페이지를 참고 했다. [Borthwick: R/DD/SP/3], [Making the Modern World , http://www.makingthemodernworld.org.uk/stories/], [Women's History, http://www.york.ac.uk/inst/bihr/guideleaflets/womens/(현재 유효하지 않은 주소)]

(6) [Borthwick: R/DD/SP/3/4]

(7) [Borthwick: The C. W. M./October, 1935]

(8) [Borthwick: R/DT/EE/18]

(9) [Borthwick: R/DP/PC/6]

(10) [Borthwick: R/R/B4/FS/1]

(11) [Borthwick: R/DP/PP/7]

(12) [Borthwick: R & Co. 93/x/28]

(13) [가토加藤, 1996, p. 23]

(14) [가토加藤, 1996, p. 41 - p. 43]

(15) [가토加藤, 1996, p. 50 - p. 59]

(16) [가토加藤, 1996, p. 77 - p. 79]

(17) [이노우에井上 편저, 1958, p. 30 - p. 49]

7장

(1) [Borthwick: R/DD/SP/3/5]
(2) [Borthwick: R/DD/SP/3/5]
(3) [Borthwick: R/DD/SP/3/5]
(4) [Borthwick: R/DD/SP/3/5]
(5) [Borthwick: R/DD/SP/3/5]
(6) [Borthwick: R/DF/PP/1-3]
(7) [Clarke, 1996]
(8) [Borthwick: R/DD/MG/2/4]
(9) [Clarke, 1996]
(10) [St. John's College 소장, DB484, KitKat 1955-59]
(11) [St. John's College 소장, DB484, KitKat 1955-59]
(12) [St. John's College 소장, DB488, KitKat 1962-63, 1963-65]
(13) [St. John's College 소장, DB484, KitKat 1969-71]
(14) [Borthwick: R/DD/SA/29]
(15) [Borthwick: R/DD/MG/2/4]
(16) [Borthwick: R/DD/MG/2]
(17) [Rosenblum, 2005]
(18) [Rosenblum, 2005]

참고문헌

일본어문헌

- 페르디난드 콜럼버스Ferdinand Columbus (요시이 젠사쿠吉井善作 역, 1992) 『콜럼버스 제독 전기コロンブス提督伝』아사히신문사朝日新聞社
- 코르테스コルテス (이토 마사테루伊藤昌輝 역, 1980) 『보고서한報告書翰』(대항해시대 총서 제2기 『정복자와 신세계征服者と新世界』), 이와나미쇼텐岩波書店
- 베르날 디아스 델 카스티요Bernal Díaz del Castillo (고바야시 카즈히로小林一宏 역, 1986) 『메시코 정복기 1 メキシコ征服記1』, 이와나미쇼텐岩波書店
- 후쿠바 히로야스福場博保 외, 2004, 『초콜릿 코코아의 과학과 기능チョコレート・ココアの科学と機能』, 아이케이코퍼레이션アイ・ケイコーポレーション
- 후루가와 마사히로 布留川正博, 1988, 「17세기 카라카스의 흑인노예제 카카오 플랜테이션의 성립十七世紀カラカスにおける黒人奴隷制カカオプランテーションの成立」, 『경제학논총経済学論叢』제40권 제1호: 95-124, 도시샤대학경제학회同志社大学経済学会
- 히라노 치카코平野千果子, 2002, 『프랑스 식민지주의 역사フランス植民地主義の歴史』, 진분쇼인人文書院
- 이노우에 로쿠로井上碌郎 편저, 1958, 『일본 초콜릿 공업사日本チョコレート工業史』, 일본초콜릿코코아협회日本チョコレート・ココア協会
- 이마무라 히토시今村仁司, 1994, 『화폐란 무엇인가貨幣とは何だろうか』, 치쿠마쇼보筑摩書房 (2010년 한국 발매, 『화폐인문학』, 이성혁, 이혜진 역, 자음과모음)
- 이와이 가츠히토岩井克人, 1993, 『화폐론貨幣論』, 치쿠마쇼보筑摩書房
- 가네코 토시오金子俊夫, 2007, 「곡물법 문제와 맨체스터 자유무역운동의 등장穀物法問題とManchester自由貿易運動の登場」, 『경영논집経営論集』69:75-88, 동양대학경영학부東洋大学経営学部
- 가사이 마치코葛西真知子 외, 2007, 「카카오 산지와 초콜릿 맛 사이의 관계カカオ豆産地とチョコレートのおいしさとの関係」, 『일본식품과학공학회지日本食品科学工学会誌』제 54권, 제 7호: 20-26
- 가토 무네야加藤宗哉, 1996, 『코코아 외길―다이토카카오 회장 다케우치 세이지의 백년ココアひとすじの道-大東カカオ株式会社長・竹内政治の百年』, 다이토 카카오 주식회사大東カカオ株式会社
- 가토 유키오加藤由基雄・야스기 카호八杉佳穂, 1996, 『초콜릿 박물지チョコレート博物誌』, 쇼가쿠칸小学館
- 가와키타 미노루川北稔, 1996, 『설탕의 세계사砂糖の世界史』, 이와나미쇼텐岩波書店 (2003년 한국 발매, 『설탕의 세계사』, 좋은책만들기)

- 모리나가 제과백년사편찬위원회森永製菓百年史編纂委員會, 2000, 『모리나가 제과백년 사−날아오르는 천사, 일세기森永製菓100年史−はばたくエンゼル、一世紀』, 비매품
- 니시야마 야에코西山八重子, 2002, 『영국 전원도시의 사회학イギリス田園都市の社会学』, 미네르바쇼보ミネルヴァ書房
- 오카야마 레이코岡山礼子, 1968, 「영국 노무 관리의 전개 (1)−17세기말부터 20세기 초까지 노동력 관리방식의 전환에 대해イギリスにおける労務管理の展開 (1)−十九世紀末葉 から二十世紀初頭における労働力統轄方式の転換について」『경영논집経営論集』15 (3, 4), 메이 지대학경영학연구소明治大学経営学研究所: 253-306
- 오카야마 레이코岡山礼子, 1969, 「영국 노무 관리의 전개 (2)−17세기말부터 20세기 초까지 노동력 관리방식의 전환에 대해イギリスにおける労務管理の展開 (2)−十九世紀末葉 から二十世紀初頭における労働力統轄方式の転換について」『경영논집経営論集』16 (3, 4), 메이 지대학경영학연구소明治大学経営学研究所: 149-174
- 오카야마 레이코岡山礼子, 1990, 「영국의 과학적 관리의 전개イギリスにおける科学的管 理の展開」『과학적 관리법의 도입과 전개−그 역사적 국제 비교科学的管理法の導入と展開 −その歴史的国際比較』, 쇼와도昭和堂:, 76-100
- 오자와 타쿠야小澤 卓也, 2010, 『커피의 세계사コーヒーのグローバル・ヒストリ』, 미네르바 쇼보ミネルヴァ書房
- 랄프 E. 팀스Ralph E. Timms (하치야 이와오蜂屋巖 역, 사토 키요타카佐藤清隆 감수, 2010) 『제과 용 유지 핸드북製菓用油脂ハンドブック』, 사이와이쇼보幸書房
- 사토 쓰기타카佐藤次高, 2008, 『설탕의 이슬람 생활사砂糖のイスラーム生活史』, 이와나 미쇼텐岩波書店
- 다카하시 히로후미高橋裕史, 2006, 『예수회의 세계전략イエズス会の世界戦略』, 고단샤講 談社
- 다케다 나오코武田尚子, 2010, 「전간기 영국의 과학적 관리 도입−라운트리 사의 산업 심리학 도입과 노동 인센티브戦間期イギリスにおける「科学的管理」の導入と労働インセンティ ブ」『연보 과학·기술·사회年報 科学·技術·社会』19:53-78
- 다케다 나오코武田尚子, 2010, 「영국 근대도시사· 요크의 과자류산업−B.S. 라운트리 의 사회조사와 사회실천イギリス近代都市史·ヨークのスイーツ産業−B.S.ロウントリーの社会 調査と社会実践」, 2009년도 과학 연구비 보조금 연구 성과 중간보고서 『도시 중간층의 변용 과정과 사회조사都市における中間層の変容過程と社会調査』
- 다케다 나오코武田尚子, 2011, 「B.S.라운트리의 전원 빌리지 건설과 전원도시운동− 영국의 빈곤연구와 주택문제의 연관성B.S.ロウントリーの田園ビレッジ建設と田園都市運動 −イギリスにおける貧困研究と住宅問題の関連」, 『소시올로지스트ソシオロジスト』13
- 다키구치 아키코滝口明子, 1996, 『영국 홍차 논쟁英国紅茶論争』, 고단샤講談社
- 도쿄후게쓰도사사편찬위원회東京風月堂社史編纂委員会, 2005, 『도쿄후게쓰사사−신뢰 와 전통의 도정東京風月堂社史−信頼と伝統の道程』, 비매품

- 우스이 류이치로臼井隆一朗, 1992, 『커피가 돌고 세계사가 돌고コーヒーが廻り 世界史が廻る』, 츄오코론샤中央公論社 (2008년 국내 발매, 『커피가 돌고 세계사가 돌고』, 김수경 역, 북북서)
- 야마모토 도오루山本通, 1992, 「20세기 초 영국 퀘이커 신자의 경제 경영 사상에 대한 두 가지 자료20世紀初頭英国クェイカー派の経済・経営思想についての2つの資料」, 『경제무역연구』 18, 가나가와대학神奈川大学 경제무역연구소: 141-160
- 야마모토 도오루山本通, 1994, 『근대 영국 실업가들의 세계―자본주의와 퀘이커 신자#近代英国実業家たちの世界：資本主義とクエイカー派#』, 도분칸同文館
- 야마모토 도오루山本通, 2006, 「B. 시봄 라운트리의 일본체재기B・シーボーム・ラウントリーの日本滞在記(1924년)」, 『상경논총商経論叢』41 (3, 4), 가나가와대학神奈川大学 경제학회: 51-66
- 야마모토 도오루山本通, 2007, 「B. 시봄 라운트리와 주택문제B・シーボーム・ラウントリーと住宅問題」, 『상경논총商経論叢』43 (2), 가나가와대학神奈川大学 경제학회: 1-55
- 야스기 카호八杉佳穂, 2004, 『초콜릿의 문화지チョコレートの文化誌』, 세카이시소샤世界思想社

외국어문헌

- Albala, Ken, 2007, "The Use and Abuse of Chocolate in 17th Century Medical Theory", Food & Foodways, 15: 54-74.
- Beckett, Stephen T., 2000, Science of Chocolate, The Royal Society of Chemistry
- Briggs, A., 1961, A Study of the Work of Seebohm Rowntree, Longmans.
- Cabezon, Beatriz, 2009, "Cacao, Haciendas, and the Jesuits: Letters from New Spain, 1893-1751", Grivetti & Shapiro, eds., Chocolate, John Wiley & Sons: 607-610.
- Clarke, Peter, 1996, Hope and Glory: Britain 1900-1990, London: Penguin Books.
- Coe, Sophie D., & Coe, M. D., 1996, The True History of Chololate, Thames & Hudson, London. (2000년도 국내 발매, 소피 도브잔스키 코, 마이클 도브잔스키 코, 『초콜릿』, 서성철 역, 지호)
- Crawfurd, John, 1869, "On the History and Migration of Cultivated Plants Producing Coffee, Tea, Cocoa, etc.", Transactions of the Ethnological Society of London, 7:197-206, Royal Anthropological Institute of Great Britain and Ireland
- Denyer, C. H., 1893, "The Consumption of Tea and Other Staple Drinks", The Economic Journal, 3:33-51, Blackwell Publishing for the Royal Economic Society.
- Ferry, Robert, 2006, "Trading Cacao: a View from Veracruz, 1629-1645", Nuevo Mundo Mondos Nuevos, Debates, 2006:2-26.

- Fisher, John, 1985, "The Imperial Response to Free Trade: Spanish Imports from Spanish America, 1778-1796", Journal of Latin American Studies, 17(1): 35-78, Cambridge University Press.
- Forrest, Beth M., & Najjaj, A., 2007, "Is Sipping Sin Breaking Fast? The Catholic Chocolate Controversy and The Changing World of Early Modern Spain", Food & Foodways, 15:31-52.
- Gordon, Bertram M., 2009, "Chocolate in France, Evolution of a Luxury Product", Grivetti & Shapiro, eds., op. cit.: 569-582.
- Gordon, Bertram M., 2009, "Commerce, Colonies, and Cacao: Chocolate in England from Introduction to Industrialization", Grivetti & Shapiro, eds., op. cit. :583-593.
- Grivetti, Louis E., 2009, "Medicinal chocolate in New Spain, Western Europe and North America", Grivetti & Shapiro, eds., op. cit.: 67-88.
- Grivetti, Louis E., 2009, "From Bean to Beverage: Historical Chololate Recipes", Grivetti & Shapiro, eds., op. cit.: 99-114.
- Grivetti, Louis E. & Shapiro, H. Y., eds., 2009, Chocolate :History, Culture, and Heritage, John Wiley & Sons, New Jersey.
- Grivetti, Louis E. & Shapiro, H. Y., 2009, "Chocolate Futres: Promising Areas for Further Research", Grivetti & Shapiro, eds., op. cit. : 743-773.
- Melle, Marius van, 1991, Nirwana aan de Vecht. De initiatieven van cacaofabrikant Van Houten voor een parkdorp in Weesp eind 19e eeuw, Weesp.
- Mintz, Sidney W., 1985, Sweetness and Power: The Place of Sugar in Modern History, Penguin Inc., New York. (1998년 국내 발매, 시드니 민츠, 『설탕과 권력』, 김문호 역, 지호, 1998)
- Momsen, Janet H., & Richardson, Pamela, 2009, "Caribbean Cocoa: Plating and Production", Grivetti & Shapiro, eds. op. cit. :481-491.
- Momsen, Janet H., & Richardson, Pamela, 2009, "Carribean Chocolate: Preparation, Consumption, and Trade", Grivetti & Shapiro, eds., op. cit.: 493-504.
- Rose, Peter, 2009, "Dutch Cacao Trade in New Netherland during the 17th and 18th Centuries", Grivetty & Shapiro, eds., op. cit.: 377-380
- Rosenblum, Mort, 2005, Chocolate: A Bittersweet saga of Dark and Light.
- Rowntree, B. S., 1901, Poverty: A Study of Town Life, Macmillan.
- Rowntree, B. S., 1921, The Human Factor in Business, Longmans.
- Rowntree, B. S., 1941, Poverty and Progress: A Second Social Survey of York, Longmans.
- Rowntree, B. S., 1951, Poverty and the Welfare State: A Third Social Survey of

York dealing only with Economic Questions, Longmans.

• Snyder, Rodney, & Olsen, B., Brindle, L. P., 2009, "From Stone Metates to Steel Mills: The Evolution of Chocolate Manufacturing", Grivetti & Shapiro, eds., op. cit.: 611-623.

• Soleri, Daniela, & Cleveland, D. A., 2007, "Tejate: Theobroma Cacao and T. Bicolor in a Traditional Beverage from Oaxaca, Mexico", Food & Foodways, 15: 107-118.

• Suzannel, Perkins, 2009, "Is It A Chocolate Pot?: Chocolate and Its Accoutrements in France from Cookbook to Collectible", Grivetti & Shapiro, eds., op. cit.: 157-176.

• Swisher, Margaret, 2009, "Commercial Chcolate Pots: Reflections of Cultures, Values, and Times", Grivetti & Shapiro, eds., op. cit.: 177-181.

• Swisher, Margaret, 2009, "Commercial Chocolate Posters: Reflections of Cultures, Values, and Times", Grivetti & Shapiro, eds., op. cit.: 193-198.

• Terrio, Susan J., 1996, "Crafting Chocolates in France", American Anthropologist, 98 (1).

• The International Cocoa Organization, 2008, Assessment of the Movement of Global Supply and Demand, Executive Committee 136 Meeting paper, Berlin

• Van Houten, C. J., & Fabrikanten, Z., Van Houten's zuivere oplosbare cacao in poeder, Weesp. (발행년도 미상)

• Vernon, Anne, 1958, A Quaker Business Man: The Life of Joseph Rowntree 1836-1925, George Allen & Unwin Ltd..

• Walker, Timothy, 2007, "Slave Labor and Chocolate in Brazil: The Culture of Cacao Plantations in Amazonia and Bahia", Food & Foodways, 15:65-106.

• Walker, Timothy, 2009, "Establishing Cacao Plantation Culture in the Atlantic World: Portuguese Cacao Cultivation in Brazil and West Africa, Circa 1580-1912", Grivetti & Shapiro, eds., op. cit.: 543-558.

• Walker, Timothy, 2009, "Cure or Confection?: Chocolate in the Portuguese Royal Court and Colonial Hospitals, 1580-1830", Grivetti&Shapiro, eds., op. cit.: 561-568.

• Weber, 1920, Die Protestantische Ethik und Der Geist Des Kapitalismus. (2010년 국내 발매, 막스 베버, 『프로테스탄티즘의 윤리와 자본주의 정신』, 김덕영 역, 길)

• Westbrook, Nicholas, 2009, "Chocolate a t the World's Fairs, 1851-1964", Grivetti&Shapiro, eds., op. cit.: 199-208.

• Westbrook, Virginia, 2009, "Role of Trade Cards in Marketing Chcolate During the Late 19th Century", Grivetti&Shapiro, eds., op. cit.: 183-191.

참고 사이트
- 모리나가 제과 홈페이지 http://www.morinaga.co.jp/cacaofun/
- 토미자와상점富澤商店 홈페이지, 「카카오 견문록」, 오가타 마유미小方真弓 http://www.tomizawa.co.jp/clm/cacao(현재 유효하지 않은 주소)
- 일본 초콜릿공업협동조합 홈페이지 http://www.chocolate.or.jp/
- 이탈리아 초콜릿 메이커 보나우토 홈페이지 http://www.bonajuto.it/video.htm(현재 유효하지 않은 주소)
- 다이토 카카오 홈페이지 http://www.daitocacao.com

저자소개_**다케다 나오코** 武田尚子

오차노미즈 여자대학 문교육학부 졸업, 도쿄도립대학 대학원 사회과학 연구과 박사과정 수료, 무사시대학교 사회학부 강사, 조교수, 교수를 거쳐 현재 와세다대학교 인간과학학술원 교수.

2007년도에 영국 사우샘프턴대학교 객원 연구원.

사회학 박사 학위.

전공ㆍ지역사회학, 도시사회학.

저서 「마닐라로 건너간 세토우치 어민―이민 송출 모촌의 변용」(2002년. 오차노미즈쇼보. 제 2회 일본사회학회 장려상 (저서부문) 수상) 「몬쟈의 사회사― 도쿄ㆍ츠키시마 근현대의 변용」(2009년. 세이큐사) 「질적 조사 데이터 의 2차 분석―영국의 격차확대 과정의 분석시각」(2009년. 하베스트사) 「세토우치해 외딴 섬 사회의 변용」(2010년. 오차노미즈쇼보) 「온천 리 조트ㆍ분석―하코네ㆍ아타미의 치유공간과 서비스」(공저. 2010년. 세 이큐사) 「20세기 영국의 도시노동자와 생활―라운트리의 빈곤연구와 조사의 궤적」(2014년. 미네르바쇼보)

역자 소개_**이지은**

건국대학교 영어영문학과를 졸업하고 현재는 사회복지를 공부하고 있다. 언어에 관심이 높아 영어 이외에 일본어, 중국어, 라틴어 등을 섭렵하며 영ㆍ미권과 일본어권 도서를 두루 소개하는 번역가로 활동 중이다.

역서 「음악으로 행복하라」(공역). 「자신을 브랜딩하는 방법」. 「문양박물 관」. 「세계장식도 1, 2」. 「민족의상 1, 2」. 「록펠러의 부자가 되는 지 혜」 등이 있다.

초콜릿 세계사

초판 1쇄 인쇄 2017년 8월 20일
초판 1쇄 발행 2017년 8월 25일

저자 : 다케다 나오코
번역 : 이지은

펴낸이 : 이동섭
편집 : 이민규, 오세찬, 서찬웅
디자인 : 조세연, 백승주
영업 · 마케팅 : 송정환
e-BOOK : 홍인표, 김영빈, 유재학
관리 : 이윤미

㈜에이케이커뮤니케이션즈
등록 1996년 7월 9일(제302-1996-00026호)
주소 : 04002 서울 마포구 동교로 17안길 28, 2층
TEL : 02-702-7963~5 FAX : 02-702-7988
http://www.amusementkorea.co.kr

ISBN 979-11-274-0903-6 03900

"CHOCOLATE NO SEKAISHI" by Naoko Takeda
Copyright © 2010 Naoko Takeda
All rights reserved.
First published in Japan in 2010 by Chuokoron-Shinsha, Inc.

This Korean edition is published by arrangement with Chuokoron-Shinsha, Inc., Tokyo
in care of Tuttle-Mori Agency, Inc., Tokyo.

이 책의 한국어판 저작권은 일본 CHUOKORON-SHINSHA와의 독점 계약으로
㈜에이케이커뮤니케이션즈에 있습니다.
저작권법에 의해 한국에서 보호를 받는 저작물이므로 무단전재와 무단복제를 금합니다.

이 도서의 국립중앙도서관 출판예정도서목록(CIP)은
서지정보유통지원시스템 홈페이지(http://seoji.nl.go.kr)와
국가자료공동목록시스템(http://www.nl.go.kr/kolisnet)에서 이용하실 수 있습니다.
(CIP제어번호:2017016304)

*잘못된 책은 구입한 곳에서 무료로 바꿔드립니다.